JN109913

Progress & Application —3

Progress & Application
心理統計法

山田　剛史
川端　一光　編著
加藤　健太郎

サイエンス社

監修のことば

　心理学を取り巻く状況は，1990年代から現在に至るまで大きく変化してきました。人間の心理を情報処理過程と見なす認知心理学は，脳科学など周辺領域との学際的な研究と相まってさらに発展を続け，他の心理学領域にも影響を与えながら大きな拡がりを見せています。また，インターネットや携帯電話の発達に見られるように，私たちの生活環境そのものも大きな変貌をとげています。教育，福祉，医療，労働などさまざまな領域では解決すべき課題が次々と立ち現れ，その解決に向けて多様なアプローチが試みられています。このような「変化の時代」において，心理学の重要性はますます高まってきたといえるでしょう。研究や実践に直接的に関わる専門家でなくとも，人々が心理学の基礎的な知識を正しく身につけ，それを社会生活の中で生かしていくことが必要とされています。

　本ライブラリは，大学生や社会人の方々に心理学のさまざまな領域のエッセンスを効率的に理解していただくことを目的に企画されました。そのために，各領域の第一線で活躍されている先生方を選び，執筆にあたっては，全体的なバランスを考慮しながら心理学の基本的事項はもとより最新の知見を積極的に紹介していただくようにお願いしました。基本的にお一人で執筆していただくという方針をとったのも，できるだけ自由にこの作業を行っていただきたいという願いからでした。その結果，各巻ともクオリティの高さと理解のしやすさを兼ね備えた内容になっています。さらに，読者の理解を助けるために，ビジュアルな表現形式を効果的に取り入れ，レイアウトにも工夫を凝らしました。新しい時代に向けたスタンダードなテキストから成る本ライブラリが，社会に生きる人間のこころと行動に関心をもつ方々のお役に立てることを確信しています。

監修者　安藤清志・市川伸一

はじめに

　心理学を学ぶ，あるいは，心理学研究を遂行する上で，心理統計の知識は欠かせません。こう言ってみても，本書を手にとった皆さんの中には「え，どうして？」と疑問に思う人もいるかもしれません。心理学を学び始めたばかりの学生にとっては，心理統計が心理学にとって必要不可欠であることを，実感を持って納得することは難しいようです。

　本書は，心理学の初学者に「心理学を学ぶには，心理統計の勉強をちゃんとやらないとダメだ」と実感してもらうことを目指しています。そのために，本書で取り上げる様々な統計的方法について，なるべく多くの心理学研究の具体例を示したいと思っています。本書を読むことで，単なる「統計学」ではなく，「心理統計」であることの意味・意義を納得してもらえたら嬉しいです。

　心理統計は確かに難しいです。でも，心理統計は面白い！と思います。統計学を学ぶことで身につく，統計的な思考力，統計的なものの考え方は，皆さんの視野を広げてくれるでしょう。また，本書のもう一つの狙いとして，読者の皆さんにクリティカル・シンキング（日本語では，批判的思考と訳されます）を身につけてもらいたいと思っています。

本書の特徴

　本書には以下のような特徴があります。

• 心理学研究の例

　それぞれの心理統計の手法について，実際の心理学研究の具体例を豊富に掲載しました。これにより，本書で紹介される心理統計の様々な方法が，実際の研究でどのように活用されているのかを知ることができます。それによって，心理統計を学ぶことが，心理学研究を遂行する上で不可欠かつ非常に重要であると感じてもらえるでしょう。

・それぞれの手法の心理学研究における活用

　上記の「具体的な心理学研究の例の掲載」とも関連しますが，それぞれの統計的手法がどのような目的で心理学研究に利用されるのか，そして，分析結果の解釈について解説を行います。

・コラムとクリティカル・シンキング問題（「クリシンしてみよう」）

　これは本書のセールスポイントの一つです。各章の内容に関連するコラムや，クリティカル・シンキングの問題（「クリシンしてみよう」）を提示します。時間をかけてじっくりと考えてみてほしいと思います。「クリシンしてみよう」について考えてみる，その後，解説を読むことで，心理統計を学ぶことが，単に「心理学研究に必要だから」といった以上の意味を持つこと，皆さんの視野を広げてくれることが実感できると思います。

本書の各章の構成

　本書は 8 章からなります。それぞれの章は，下記のような構成からなっています。

①**導入**……その章で扱う内容を簡単に紹介します。

②**各章の統計的方法を紹介**……実際の心理学研究の例を示し，その章で扱われる統計的方法が，心理学研究の文脈でどのような目的で利用されるかを解説します。

③**心理学研究の例を紹介**……具体的な心理学研究の例を紹介することで，各章で学んだ統計的方法がどのように活用されるのかを実感を持って学ぶことができます。

④**コラム「クリシンしてみよう」**……その章で扱う内容に関連したコラムやクリティカル・シンキングの問題を紹介します。

⑤**参考図書の紹介**……本書だけでは十分にカバーできないところは，参考図書を読んでさらに学びを深めてもらいたいと思います。筆者らが自信を持っておすすめできる図書を紹介します。

⑥**キーワード**……各章の内容に関連するキーワードを整理します。

続いて，各章の内容を簡単に紹介します。

第1章では，記述統計を扱います。1つの変数の記述統計，2つの変数の記述統計を取り上げます。

第2章では，推測統計を扱います。統計的推定と統計的仮説検定が中心的テーマとなります。

第3章では，統計的仮説検定の手法のうちで，心理学研究でよく利用される検定を特に3つ解説します。2群の平均値差の比較に用いられる t 検定と，2つの質的変数間の連関を見るカイ2乗検定（独立性の検定），そして，相関係数の検定です。これらはいずれも，2つの変数間の関係についての検定ととらえることができるでしょう。また，近年注目されているベイズ推測についても，その基本的な考え方と活用の仕方を紹介します。

第4章と第5章は，分散分析と呼ばれる手法を解説します。心理学研究法の一つである実験と関連させ，実験デザインについても解説します。

第6章は，変数間の関連を探る統計的手法として，回帰分析を取り上げます。ある変数（独立変数）から他の変数（従属変数）を予測する際に利用される統計的方法です。

第7章では，因子分析を取り上げます。因子分析は心理学研究でよく利用される手法です。複数の変数の背後に因子という潜在変数を仮定する手法です。

第8章は，心理学領域で多用される，共分散構造分析を取り上げます。測定方程式（観測変数で潜在変数を測定）と構造方程式（潜在変数間の関連を表現）を用いて，柔軟なモデル構成を実現します。

心理統計は，心理学研究法と密接に関連します。本ライブラリ第2巻の『Progress & Application 心理学研究法』（村井潤一郎編著）と合わせて本書を読んで頂けると，より，心理学研究における統計的方法の重要性が理解できると思います。

目　次

第 4 章　実験計画と分散分析 1　　89

第 5 章　実験計画と分散分析 2　　119

第 1 章

1変数・2変数の記述統計

　本章では，記述統計の基礎について学びます。まず，なぜデータを集める必要があるのか，また，得られたデータについて，どのように記述していけばデータの特徴を適切に表現できるのかについて説明します。そして，データから計算される値である統計量の種類と特徴について，具体例をもとに考えていきます。

1.1　はじめに

　本書のタイトルにも含まれる「**統計**」とは何でしょうか。統計の定義は，
様々にあるといわれていますが，共通するポイントは「何かの集まりについ
て，全体の傾向や性質を表すための数」です。本書のタイトルには「心理統
計法」とありますから，心理に関する何らかのデータを集めてきて，そのデー
タ全体の傾向や性質を「数」として表現するための方法論といえます。

1.1.1　なぜデータを集めるのか

　では，そもそもなぜデータを集めてくる必要があるのでしょうか。データ
を集めてこなければ困るようなことが何かあるのでしょうか。多くの方は，
そのような面倒なことをしなくても困ったことにはならないのではないでし
ょうか。その理由は，人はこれまでの経験から瞬時にある程度正確に物事を
判断するための方略（ヒューリスティックといいます）を備えているからと
考えられています。例えば，次のクイズを考えてみて下さい。

> **クイズ 1.1**　横浜市と小浜市の人口はどちらが多いでしょうか。

　正解は，「横浜市」です[1]。多くの方が直感的に瞬時に答えることができ，
また正解できたのではないでしょうか（図 1.1）。各市の人口データが手元
にあるわけではないのに，なぜ正解できるのでしょうか。実は，このような
判断をするとき，多くの人が「聞いたことがある都市の方が，人口がより多
いであろう」と推論することが知られています。そしてこの方略はある程度
は正確な予測に至ると考えられています。このような方略を，私たちは経験
的に有しているために，わざわざ何らかの判断のたびにデータを集めなくて
も，ある程度正確な推論が可能というわけです。このような直感的な判断こ

---

[1]　横浜市の人口は約 370 万人（推計），小浜市の人口は約 3 万人（推計）です
（2019 年現在）。

図 1.1　直感的判断の例

そが意思決定に重要であるとする立場もあります。ところが，この方略は常に正しいとは限りません。例えば，次のクイズはどうでしょうか。

> **クイズ1.2**　溺死と火災ではどちらで亡くなる方がより多いでしょうか。

　正解は，「溺死」です。厚生労働省（2009）が発表した「主な不慮の事故の種類別にみた死亡数の年次推移—平成7～20年—」によると，火災による死亡者数は，毎年1,300～1,600人の範囲で推移しているのに対し，溺死による死亡者数は，毎年5,000人を超えています。事実に反して，火災による死亡者の方が多いと思われた方が多いのではないでしょうか。この理由は，火災による死亡に関する情報の方がテレビ・新聞・インターネット等のメディアによって報道されることが多いためと考えられています（カーネマン，2011）。すなわち，偏った情報伝達が行われる場合は，先述した直感的な判断は不正確になります。現代社会においては，メディア等の第三者を介して情報を得ることがほとんどですから，十分注意が必要といえます。

1.1.2　データの収集法についての記述

　ここまでデータを集める必要性について述べました。では，データを集めさえすれば，集め方はどのようであっても問題ないのでしょうか。

　ゴミを入れればゴミが出てくる（garbage in, garbage out）という格言があるように，統計はゴミを宝石に変える魔法ではありません。データの収集法が違うならば，その価値は異なるものになり得ます。例えば，コラム1.1の実験について，実は実験者が，ストップウォッチゲームの好きな参加者を意図的に選別して，無報酬群に割り当てていたとしたらどうでしょうか。結果の解釈は違ったものになりそうです。具体的には，無報酬群の方がよく遊ぶという結果が得られたとしても，その原因は，報酬が与えられなかったからではなく，もともとストップウォッチゲームの好きな人が無報酬群に割り当てられたからではないかという可能性が強く疑われることになります。

　したがって，研究結果を報告するときには，データから計算された値だけ

コラム 1.1　クリシンしてみよう

問：ストップウォッチを使ったゲームがあります。参加者は，ゲームの得点に応じて報酬がもらえることが予告される報酬予期群と，何も予告されずにただ遊ぶだけの無報酬群に無作為に割り当てられ，実際に 1 人ずつゲームで遊びます（各参加者は 2 つの群があることは知りません。また，報酬予期群の参加者は実際に報酬を受けとります）。その後，参加者は待合室で，1 人で待つように言われます。このとき，待合室では先のゲームをして遊ぶことができます。過ごし方は自由で，ゲームで遊んでも遊ばなくても構いません。どちらの群に割り当てられた参加者の方が，この自由時間にゲームで自発的に遊ぶでしょうか。

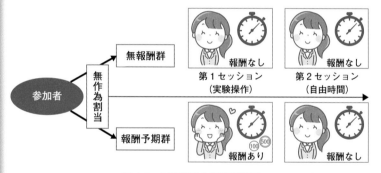

図 1.2　無報酬群と報酬予期群

答：正解は，「無報酬群の方がよく遊ぶ」です。報酬が取り除かれた場面で報酬予期群で遊んだ参加者が遊ばなくなるこの現象は，アンダーマイニング効果（undermining effect）と呼ばれます。実はこのクイズに誤って回答する人が多いこと，また，誤っている人の方が自身の回答に自信を持っていることがわかっています（Murayama et al., 2016）。なぜ多くの人の直感的判断が事実と異なるのかについてはまだ明らかにはなっていませんが，多数決の結果や，より強い確信を持っている人の考えが必ずしも正しいとは限らないといえます。したがって，データをとって人々の直感的な判断が本当に正しいかどうか確かめてみようという姿勢が，時には大事といえます。つまり，統計が必要となるのです。

ではなく，どのようにデータが収集されたかについても記述しておく必要が
あります。また，他の人の研究報告を読む場合も，データから計算された値
だけでなく，どのようにデータが収集されたかについても注意深く読む必要
があります。

　なお，先ほど見たような，片方の群に特定の属性を持つ人が偏って割り振
られているのではないかという疑念を排除するために，参加者を比較したい
各群に無作為に割り当てる手続きのことを**無作為化**（randomization）とい
います。無作為化がなされていることは，当該の研究結果から因果関係（こ
の場合，「報酬が与えられたからこそ，自由時間には遊ばなくなったのだ」
という関係）に言及するための重要な条件になります。

　ただし，無作為化によって両群に割り振られた人々の属性を同等とみなす
ことができるのは，当該の調査・実験に参加する人の数（**サンプルサイズ**
（sample size：標本の大きさ）といいます）が十分に大きいときに限られま
す。サンプルサイズが小さいときには，偶然，片方の群に特定の属性の人が
偏って割り当てられることが起こり得るためです。このような偏りが懸念さ
れる場合には，結果に大きく影響すると考えられる属性（ここでは，ストッ
プウォッチゲームの好きな程度）が同等の人同士をあらかじめ**マッチング**
（matching）した上で，無作為化を行う場合もあります。例えば，4人しか
実験参加者を集めることができなかったとします。ストップウォッチゲーム
の好きな2人（Aさん，Bさん）と，嫌いな2人（Cさん，Dさん）の計4
人です。マッチングとは，ある属性が同等の人をペアにする手続きを指しま
すから，この場合には，AさんとBさんがペア，CさんとDさんがペアと
なります。マッチング後，ペアのうち1人を無報酬群，もう1人を報酬予期
群に無作為に割り当てます。このようにすれば，無作為化の結果がどうであ
れ，必ず両群にストップウォッチゲームの好きな人と嫌いな人が1人ずつ割
り当てられることになります。つまり，一方の群に，当該の属性が極端に偏
ることが避けられるのです。マッチングは，**ブロック化**（blocking）と呼ば
れることもあります。詳しくは，第4章を参照して下さい。

コラム 1.2　クリシンしてみよう

腰痛に悩む 100 人を対象に，電位治療器 A（80 万円）を紹介し，商品説明に納得した購入希望者 50 人に販売した。後日，腰痛が改善したか否かの追跡調査を全員に行ったところ，100 人全員から回答があった。購入者 50 人においては，腰痛が改善したと回答したのは 40 人（80％）であったのに対し，購入しなかった者 50 人においては，腰痛が改善したと回答したのは 10 人（20％）であった。よって，電位治療器 A には腰痛改善効果が認められる。

問：電位治療機 A に腰痛改善効果が認められるという上記の主張についてどのように考えますか。

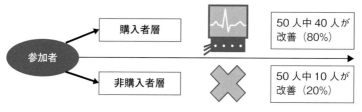

図 1.3　購入者層と非購入者層

答：商品説明に納得した購入希望者に販売したとのことで，購入者層には，電位治療器の効果を期待している人がより多く含まれている可能性があります。このような「電位治療器 A を使えばきっと治るだろう」という心理的な期待が，実際に腰痛の改善を促す場合があります（プラセボ効果といいます）。また，商品が高額であることから，購入者層は，その他の治療活動も積極的に行えるような経済的余裕のある人が多く含まれている可能性も考えられます。このように，検討したい要因（ここでは，電位治療の実施）以外にも群間で異なっていることが疑われる場合，別の要因（ここでは，プラセボ効果や経済力）が**交絡**（confounding）しているといいます。別の要因の交絡が疑われるとき，群間での改善率の差が，電位治療の効果「だけ」を測っているとは考えにくいことになるため，もともと想定している因果関係について，強くは主張することができません。データの収集法についても注意しなければならない一例です。

　因果関係について言及するためには，他にも注意すべきデータの収集法が
たくさんあります。データの収集法については，本書と同じライブラリの村
井（2012）で詳しく説明されていますので，ぜひ参照して下さい。

1.2　1 変数の記述統計

　変数（variable）とは，データの値が格納されるための箱のようなもので
す。例えば，3 人の身長と体重について調べて，1 人目は 170.2cm，60.3kg，
2 人目は 156.4cm，42.6kg，3 人目は 163.9cm，58.3kg であったとき，「『身
長』という変数には ｛170.2, 156.4, 163.9｝ というデータが入っている」，ま
た，「『体重』という変数には ｛60.3, 42.6, 58.3｝ というデータが入っている」，
といった表現をします（このように，変数に含まれるデータについては，
｛　｝ 内にカンマ区切りで表現されることが多いです）。本節では，1 つの
変数について，どのような指標を用いれば含まれるデータの特徴を的確に表
現できるのかについて考えていきます。

1.2.1　代 表 値

　データから計算される値のことを**統計量**（statistics）といいます。また，
データの分布の中心的な位置を示す統計量の総称を**代表値**（measure of
central tendency）といいます。代表値には，主として，**平均値**（mean），**中
央値**（median），**最頻値**（mode）の 3 つがあります（**表 1.1**，**表 1.2**）。
　ここで確認のために，次のクイズを考えてみましょう。

> **クイズ 1.3**　右ページの小学生のおこづかいデータについて，平均値よ
> り多くおこづかいをもらっている小学生は何割くらいいるでしょうか。
> ① 50％より多い，② 50％より少ない，③ ちょうど 50％

　正解は，「② 50％より少ない」です。実際に数えてみましょう。平均値で
ある 2,200 円よりも少ないおこづかいをもらっている子は，｛1000, 1000,

表 1.1　各代表値の定義と特徴

代表値	定義	特徴
平均値	各データの合計をデータの数で割った値	極端な値の影響を受けやすい
中央値	データを大きさの順に並べたときに中央に位置する値[1]	極端な値の影響を受けにくい
最頻値	観測された数（度数という）が最も多い値	2つ以上存在する場合がある

[1] もし，データの数が偶数ならば，中央に位置する2つの値の平均値を中央値とします。

おこづかいデータ

小学生 6 人の毎月のおこづかいを調べた下記データについて考えます。
{1000, 1000, 1200, 2100, 3700, 4200}
このデータについて代表値を求めてみると表1.2 のようになります。

表 1.2　各代表値の算出例

☑ **平均値**

各データの合計＝1000＋1000＋1200＋2100＋3700＋4200＝13200 です。
データの数＝6 です。したがって，平均値＝13200÷6＝2200 となります。

☑ **中央値**

上記データは，すでに大きさの順に並んでいます。
データの数が偶数なので，中央に位置する値は3番目と4番目の2つあります。この平均値は（1200＋2100）÷2＝1650 なので，中央値＝1650 となります。

☑ **最頻値**

1000 というデータは2回観測されています。
だから，最頻値は1000 です。

1200, 2100｝の4人であるのに対して，平均値2,200円より多くもらっている子は，｛3700, 4200｝の2人しかいません。すなわち，平均値より多くおこづかいをもらっている子は，確かに，全体の50％よりも少ないことになります。直感的には，平均値と聞くと，ちょうどデータの数を二分割する点（二分位点）と考えてしまいがちですが，そうとは限りませんので注意して下さい。二分位点を表すのは平均値ではなく，中央値になります。

　より正確には，平均値が二分位点を表すこともありますが（すなわち，平均値＝中央値となる場合もありますが），これはデータの分布が左右対称に広がっているときに限られます。例えば，｛500, 1000, 1500｝，あるいは，｛500, 1200, 1300, 2000｝のような状態です。一方，前出のおこづかいデータのように，分布が左右対称でないときには，平均値は分布の裾が長い方向に引っ張られ，中央値からズレます（中央値から極端に離れている**外れ値**（outlier）にも影響を受けます）。したがって，外れ値が存在するような左右非対称の分布である場合に平均値を報告すると，誤解を招く恐れがあります。

　ただし，ここでより重要なことは，どの代表値を報告するのが適切かを議論することではありません。中央値は，外れ値の影響を受けることなく，常にデータの二分位点を示す統計量として有用ですが，平均値にも，データの情報を余すことなく使うことができたり，データの数を掛けることでデータの値の合計得点を求めることができたりといった中央値にはないよさがあります。さらに，複数の統計量が提示されることで，分布がどちらに歪んでいるのかについての推測も可能となります。例えば，平均値が中央値よりも大きければ，分布の上側（データの値が大きい側）に裾が伸びているであろうこと（すなわち，大半のデータが平均値よりも小さく，平均値よりも小さいデータの数は50％を超えているであろうこと）が推測できます。逆に，平均値が中央値より小さければ，分布の下側（データの値が小さい側）に裾が伸びているであろうこと（すなわち，大半のデータが平均値よりも大きく，平均値よりも大きいデータの数は50％を超えているであろうこと）が推測できます。吉田（2018a）は，「複数の統計量を同時に提示しても要する紙面

コラム 1.3　クリシンしてみよう

問：日本人男性のうち，平均より長生きする男性の割合はどれくらいいるでしょうか。

（参考：日本人男性の平均寿命 81.09 歳（厚生労働省，2018））

① 50％より多い，② 50％より少ない，③ ちょうど 50％

答：正解は，「① 50％より多い」です。その理由は，寿命のデータは，表1.2 で見たおこづかいのデータとは逆方向に分布が偏っているためです。具体的には，多くの人が比較的長生きをする一方で，乳幼児の死亡事故等で，極端に若く亡くなるケースがあります（図 1.4）。このようにデータの分布が左右対称でなくなると，平均値は極端なケースに引っ張られ，中央値からはズレることになるのです。結果として，平均より長生きした人の割合は全体の 50％より多くなります。

　参考までに，寿命のデータの中央値は，寿命中位数と呼ばれます。平成29（2017）年の日本人の平均寿命は，男性 81.09 歳，女性 87.26 歳であるのに対して，寿命中位数は男性 84.08 歳，女性 90.03 歳となっています（厚生労働省，2018）。

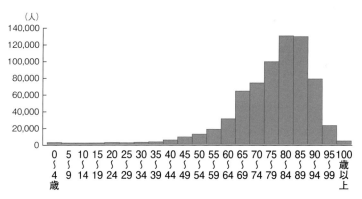

（人）

図 1.4　年齢階級別にみた平成 29 年の日本人男性の死亡者数の分布
（厚生労働省，2018 より筆者作成）

厚生労働省の平均寿命や寿命中位数は，世代間の人口の差を調整するために，死亡時の年齢データから直接計算されるものではなく，死亡率という統計量を介して算出されています。

はほとんど変わらないのだから，"用いる統計量を1つにしなければならない"などと考える必要はない」と指摘し，複数の統計量に基づいて結果を解釈することを推奨しています。

1.2.2 散 布 度

　データの散らばり具合を示す統計量を**散布度**（dispersion）といいます。散布度には，データの最大値から最小値を引いた値である**範囲**（range）の他，**分散**（variance）や，分散の正の平方根である**標準偏差**（standard deviation; SD）がよく使われます（表1.3，表1.4）。散布度が大きな値であるほど，データの散らばり具合が大きいことを示します。標準偏差について，例題で比較してみましょう。

　例題① $\{2, 2, 2, 2, 2\}$

$$\text{分散} = \frac{\left(2-2\right)^2 + \left(2-2\right)^2 + \left(2-2\right)^2 + \left(2-2\right)^2 + \left(2-2\right)^2}{5} = 0$$

$$\text{標準偏差} = \sqrt{\text{分散}} = \sqrt{0} = 0$$

　例題② $\{-7, -1, 2, 5, 11\}$

$$\text{分散} = \frac{\left(-7-2\right)^2 + \left(-1-2\right)^2 + \left(2-2\right)^2 + \left(5-2\right)^2 + \left(11-2\right)^2}{5} = 36$$

$$\text{標準偏差} = \sqrt{\text{分散}} = \sqrt{36} = 6$$

　例題③ $\{-16, -4, 2, 8, 20\}$

$$\text{分散} = \frac{\left(-16-2\right)^2 + \left(-4-2\right)^2 + \left(2-2\right)^2 + \left(8-2\right)^2 + \left(20-2\right)^2}{5} = 144$$

$$\text{標準偏差} = \sqrt{\text{分散}} = \sqrt{144} = 12$$

　確かにデータの散らばり具合が大きくなるにつれて，標準偏差の値も大きくなっていることがわかります。比較対象がない場合には，使いにくい統計量のようにも思えますが，データの分布が左右対称で釣り鐘型であるときには便利な性質を備えています（詳しくは第2章を参照して下さい）。

　また，標準偏差を利用することで，データの**標準化**（standardization）が

表 1.3　各散布度の定義と特徴

散布度	定義	特徴
範囲	最小値と最大値の差 [1]	最小値と最大値以外の散らばり具合は反映されない
分散	「各データと平均値の差」をそれぞれ 2 乗したものの和をデータの数 [2] で割った値	外れ値の影響を受けやすい
標準偏差	分散の正の平方根	

[1] 最小値と最大値を―（ダッシュ）でつないで範囲を表現する場合もあります。
[2] データの数から 1 を引いた値で割る場合もあります（不偏分散，表 3.4）。

（再掲）小学生 6 人の毎月のおこづかいを調べた下記データについて考えます。

$\{1000, 1000, 1200, 2100, 3700, 4200\}$

このデータについて代表値を求めてみると表 1.4 のようになります。

表 1.4　各散布度の算出例

☑ **範囲**

最小値は 1000，最大値は 4200 です。
したがって，範囲＝4200－1000＝3200 となります。

☑ **分散**

上記データの平均値は，2200 でした。
「各データと平均値の差」は順に，1000－2200＝－1200，1000－2200＝－1200，1200－2200＝－1000，2100－2200＝－100，3700－2200＝1500，4200－2200＝2000 です。これを 2 乗したものの和をデータの数で割った値は，$\{(-1200)^2+(-1200)^2+(-1000)^2+(-100)^2+1500^2+2000^2\} \div 6$ ＝1690000 となります。これが分散です。

☑ **標準偏差**

分散の正の平方根ですから，標準偏差＝$\sqrt{分散}$＝$\sqrt{1690000}$＝1300 となります。

可能となります。データの標準化とは，一般に，平均が 0，標準偏差が 1 と
なるようにデータを変換する操作を指します。この変換は，下式の通り，デー
タ全体の平均値を引き，標準偏差で割ることにより行われます。標準化さ
れた後のデータは，**標準得点**（standard score）または **z 得点**（*z*-score）と
呼ばれます。

$$標準化後のデータ = \frac{標準化前のデータ - 平均値}{標準偏差}$$

　練習として，例題②と③のデータを標準化してみましょう（**表 1.5**）。な
お，例題①のデータは標準偏差が 0 であり，標準化式の分母が 0 になるため，
標準化することはできません。それぞれ標準化後は，平均値が 0 に，標準偏
差が 1 になることを，確かめ算で確認して下さい。また，例題②と③の標準
得点は全く同じになりました。これは，もともと例題③のデータが，例題②
の各データの散らばり具合の大きさ（各データと平均値の差）を定数倍（こ
こでは 2 倍）しただけのものであり，散らばり方は同様であったためです
（p.12 の例題②と③の標準偏差を求める式内の各（　）内の値に着目して下
さい。例えば，例題③の $-16 - 2 = -18$ は，例題②の $-7 - 2 = -9$ の 2 倍で
す。他の項も同様に 2 倍になっています）。このように散らばり方が同様で
ある変数は，標準化後のそれぞれの値（z 得点の値）は同じになります。

　標準化すると，変数間でデータの相対的位置を直接比較することができる
ようになります。例えば，平均点が 80 点，標準偏差が 5 点のテスト A にお
ける「82 点」という点数と，平均点が 80 点，標準偏差が 10 点のテスト B
における「82 点」という点数のどちらが相対的に高いのかを直接比較でき
るようになります。これは，いわゆる**偏差値**（deviation score）に相当する
機能です。実は偏差値も標準化された得点の一種です。偏差値は，平均値が
50，標準偏差が 10 になるように標準化された値であり，z 得点を 10 倍し，
50 を足すことでも得られます。

表 1.5 データの標準化の例

標準化前	標準化の計算	標準化後
例題①のデータ {2, 2, 2, 2, 2} 平均値＝2 標準偏差＝0	標準偏差＝0 であり，標準化式の分母が0となるため，標準化することはできない	
例題②のデータ {−7, −1, 2, 5, 11} 平均値＝2 標準偏差＝6	$\dfrac{-7-2}{6}=-\dfrac{3}{2}=-1.5$ $\dfrac{-1-2}{6}=-\dfrac{1}{2}=-0.5$ $\dfrac{2-2}{6}=0$ $\dfrac{5-2}{6}=\dfrac{1}{2}=0.5$ $\dfrac{11-2}{6}=\dfrac{3}{2}=1.5$	例題②のデータを標準化したデータ {−1.5, −0.5, 0, 0.5, 1.5} 平均値＝0 標準偏差＝1 （確かめ算） 平均値＝$\dfrac{-1.5+(-0.5)+0+0.5+1.5}{5}=0$ 標準偏差＝$\dfrac{1}{5}\bigl\{(-1.5-0)^2+(-0.5-0)^2+$ $(0-0)^2+(0.5-0)^2+(1.5-0)^2\bigr\}$ $=1$
例題③のデータ {−16, −4, 2, 8, 20} 平均値＝2 標準偏差＝12	$\dfrac{-16-2}{12}=-\dfrac{3}{2}=-1.5$ $\dfrac{-4-2}{12}=-\dfrac{1}{2}=-0.5$ $\dfrac{2-2}{12}=0$ $\dfrac{8-2}{12}=\dfrac{1}{2}=0.5$ $\dfrac{20-2}{12}=\dfrac{3}{2}=1.5$	例題③のデータを標準化したデータ {−1.5, −0.5, 0, 0.5, 1.5} 平均値＝0 標準偏差＝1 （確かめ算は上に同じ）

1.2.3 データの図表化

　ここまで代表値や散布度でデータの特徴を表現する方法を見てきましたが，数字だけでは解釈に時間がかかるという問題があります。では，データの特徴を素早く把握するためにはどのようにすればいいのでしょうか。それは図表化で，具体的には，**棒グラフ**（bar graph）や**ヒストグラム**（histogram），**箱ひげ図**（boxplot）がよく用いられます。

　棒グラフは数量を棒の長さで表したグラフです（図1.5）。棒の長さが平均値を示す場合，平均値±標準偏差の位置にエラーバーをつけることもあります。ただし，この方法には欠点が2つあります。1つ目は，エラーバーが上側と下側に対称的に広がっているため，データが左右対称の分布であると誤認される恐れがある点です。2つ目は，外れ値が隠される点です。詳しくはコラム1.5を見て頂きたいのですが，外れ値は，測定ミスで生じたものでなければ重要な意味を持つ場合があります。

　ヒストグラムは，横軸にデータをいくつかの段階に分けた**階級**（class），縦軸に各階級の観測度数をとる図で，度数分布図とも呼ばれます（図1.6）。数量を棒の長さで表したグラフであるため，棒グラフの一種ともいえます。階級をどの程度の幅で設けるかという区間のことを**階級幅**（class width）といいます。階級幅の決め方にルールはありませんが，分布の偏り方がわかりやすくなるように，データの数と設けた階級幅によって定まる階級の数のバランスを考慮して決めます。例として，階級幅を500にしてデータを表に整理してみます。このような表を**度数分布表**といいます（表1.6）。なお，**階級値**（class value）は階級を代表する値です。階級値は，一般に，当該階級のデータの範囲の上限と下限の真ん中の値とします。度数分布表を図で表現したものがヒストグラムです（図1.6）。ここでは各階級の下限と上限を横軸にして示しましたが，代わりに階級値（1250, 1750, 2250, 2750）を横軸に示しても構いません。なお，ヒストグラムは，階級幅によって印象が変わることや，横軸がサイコロの目のように飛び飛びの値をとらない連続的な変数であるときには，各階級の間に隙間を設けずに描くことに注意して下さい。

☑ 棒グラフ

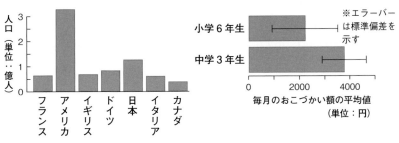

図 1.5 棒グラフの例

あるメーカーの車の排気量（cc）を調べた下記データについて考えます。

$\{1000, 1200, 1300, 1700, 2800\}$

このデータについてヒストグラムを描いてみると次のようになります。

☑ ヒストグラム

（描き方の手順）

1. 階級幅を決めます。
2. 階級ごとに観測度数を度数分布表に集計します（表 1.6）。
3. 横軸に階級，縦軸に観測度数をとった棒グラフを描きます（図 1.6）。

表 1.6 階級幅を 500 とした場合の度数分布表

階級値 （範囲）	1250 （1000～1500）	1750 （1500～2000）	2250 （2000～2500）	2750 （2500～3000）
度数	3	1	0	1

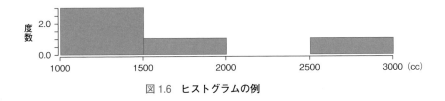

図 1.6 ヒストグラムの例

　箱ひげ図は，5 つの統計量を数直線上にプロットしていくことで，分布の偏り方を可視化しようとする図です（図 1.7）。**第 1 四分位点**（first quartile）は，データを値の小さい順に並べ，それを 4 分割する点のうち一番小さい値です。**第 3 四分位点**（third quartile）は，4 分割する点のうち一番大きい値です。4 分割は 2 分割を 2 回行ったものですから，言い換えると，第 1 四分位点は「中央値によって分割される前半データにおける中央値」，第 3 四分位点は「中央値によって分割される後半データにおける中央値」です。**第 2 四分位点**（second quartile）はないのかと思った方もいるかもしれませんが，これはすでに見た中央値になります。

　右に示した排気量データの例では，中央値によって分割される前半データは ｛1000, 1200, 1300｝ となります。第 1 四分位点はこの前半データの中央値ですから 1200 です。また，中央値によって分割される後半データは ｛1300, 1700, 2800｝ となります。第 3 四分位点はこの後半データの中央値ですから 1700 です。ただし，第 1 四分位点と第 3 四分位点の求め方には様々な方法があります。特に，上記の求め方は，一般に高校数学 I で学習する求め方とは異なっていますが（高校数学 I の求め方では，データの個数が奇数の場合，前半データと後半データのそれぞれに中央値を含めません），どちらも一つの考え方であり，どちらか一方が間違っているということはありません。ですので，高校数学 I の求め方で箱ひげ図を描いても問題ありません。もし，高校数学 I の求め方で箱ひげ図を描く場合には，第 1 四分位点は，中央値を含めない前半データ ｛1000, 1200｝ における中央値ですから 1100 となります。また，第 3 四分位点は，中央値を含めない後半データ｛1700, 2800｝ における中央値ですから 2250 となります。

　同様に，箱ひげ図の「ひげ」の長さや，外れ値をどのような基準で描くのかについても様々な方法があります。自分が使う予定の分析ソフトの仕様を一度確認しておくとよいでしょう。

　最後に，その他のグラフについても補足しておきます。**折れ線グラフ**（line chart）は，時間の経過に伴って，ある指標がどのように変化している

（再掲）あるメーカーの車の排気量（cc）を調べた下記データについて考えます。
$\{1000, 1200, 1300, 1700, 2800\}$

☑ **箱ひげ図**

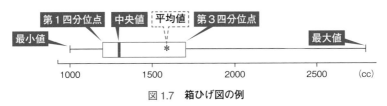

図 1.7　**箱ひげ図の例**

（描き方の手順）

1. 横軸（または縦軸）として，数直線を描きます。

2. 第 1 四分位点を左端，第 3 四分位点を右端とする箱を描き，箱の中に中央値を示す縦線を描きます。

3. 箱の左端から最小値まで，箱の右端から最大値までを「ひげ」で表現します。平均値として「＊」等の記号を加えて描く場合もあります。

コラム 1.4　外れ値の可視化

　箱ひげ図には，一定の基準から外れた外れ値を可視化するために，外れ値を「〇」でプロットするという描き方もあります。外れ値の基準としては，「第 1 四分位点－四分位範囲×1.5 より小さいデータ」または「第 3 四分位点＋四分位範囲×1.5 より大きいデータ」がよく用いられます。**四分位範囲**（interquartile range）は，第 1 四分位点から第 3 四分位点までの距離，すなわち箱の長さです。例のデータでは，四分位範囲は 1700－1200＝500 となります。したがって，450（＝1200－500×1.5）より小さいデータ，または 2450（＝1700＋500×1.5）より大きいデータは外れ値とみなします。これに該当するデータは 1 つあります（2800）。これを外れ値として〇で描くことにすると図 1.8 のようになります。

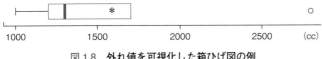

図 1.8　**外れ値を可視化した箱ひげ図の例**

のかを示すのに適しています（図 1.9（左））。また，複数のグラフが重なっても比較的読みやすいという特徴から，**度数ポリゴン**（frequency polygon）と呼ばれる折れ線グラフを用いて，ヒストグラムの比較を行う場合もあります（図 1.9（右））。ただし，通常のヒストグラムに比べると，若干正確性が失われることに注意して下さい（石田，1990）。例えば，図 1.9（右）のデータには，170cm を超える身長の女性は含まれていないのですが，存在しているように見えます。

　円グラフ（pie chart）は，全体を 100 ％としたときに，各カテゴリの度数が全体の何 ％を占めるのかといった割合を示すのに適しています。例えば，図 1.10 の円グラフを見ると，30 代は全体の 1/4（＝ 25 ％）よりも少し多いことが一目でわかります。ただし，円グラフは各カテゴリの色分けのために余分な情報が加わることに注意して下さい。色分けの仕方によっては円グラフの印象が異なる恐れがあります。例えば，赤く塗られたカテゴリは，グレーに塗られたカテゴリよりも，注意を引くと考えられます。また，カテゴリ間での大小比較には，各カテゴリの扇形部分を頭の中で回転させる操作（メンタルローテーションといいます）が必要です。これは，求められる回転量によっては認知的に負荷のかかる操作です。したがって，各カテゴリの割合を比較することに重きを置く際には，円グラフの代わりに表（度数分布表）や棒グラフで代替される場合も少なくありません（図 1.10）。なお，3 次元表現で図を描くことは，特別な理由がない限り推奨されません。手前に描かれているものが過剰に目立ち，正確な大小判断が難しくなるためです。

　ここまで見てきたように，図表化は，データの特徴を素早く把握するために有効な手段と考えられますが，一方で，その方法によっては大きく印象が変わり，特定の情報を誇張したり，隠してしまったりする危険性を合わせ持っているといえます。自身が情報を発信するときはもちろんですが，他の人が描いた図を見る場合は，過剰に誇張されている情報や隠されている情報がないかを意識して読むことが大切といえます。

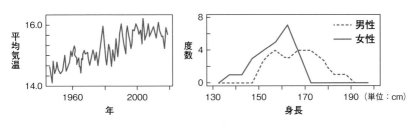

図 1.9　折れ線グラフの例

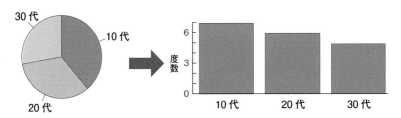

図 1.10　円グラフと棒グラフでの置き換え例

コラム 1.5　棒グラフと箱ひげ図の比較

　図 1.11 は，ある小学校の先生方を対象に調査した休日 1 日あたりの平均労働時間を，全員の平均値を示す棒グラフ（上）と箱ひげ図（下）の 2 種類で図示した結果です（このように，棒グラフのエラーバーは棒の片側だけにつける場合もあります）。箱ひげ図では，外れ値に注意が向きますが，棒グラフでは，このような外れ値が隠されることがわかります。極端な過労状態に陥っている先生を見つけ出すには，箱ひげ図の方が有用と考えられます。

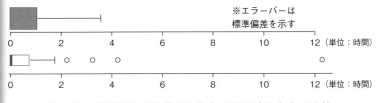

図 1.11　平均値を示す棒グラフ（上）と箱ひげ図（下）の比較

1.3 **2 変数の記述統計**

1.3.1 相関係数

誰でも「○○なときほど▲▲な傾向がある」のように思うことがあるのではないでしょうか（例えば，「前日の睡眠時間が短いほどごはんをたくさん食べる傾向がある」などです）。このような○○と▲▲の関係の強さ，すなわち2つの変数の関係の強さを表す統計量の一つに**相関係数**（correlation coefficient）があります。2つの変数の関係の強さがわかると，予測が可能になります。予測が可能になれば対策をとることができます。例えば，「睡眠時間が短かった翌日はごはんをたくさん食べがちなので，ダイエットしているときは，睡眠不足に気をつけよう」などです。

相関係数は−1から+1の範囲の値をとり，その絶対値が大きいほど，関係が強いことを示します。また，その符号が+の場合は正の相関関係，−の場合は負の相関関係があるといいます。正の相関関係とは，一方の変数の値が大きくなるほど，他方の変数の値も大きくなりやすい関係です。負の相関関係はその逆で，一方の変数の値が大きくなるほど，他方の変数の値が小さくなりやすいという関係です。先の例は，前日の睡眠時間が長いほど食べるごはんの量が少なくなるため，負の相関関係といえます。このような2変数の関係を視覚的に把握するために，横軸と縦軸にそれぞれの変数の値が対応するように，各データをプロットした図を**散布図**（scatter plot）といいます（相関係数と散布図の対応関係を図1.12で確認して下さい）。なお，図1.12に示した散布図はあくまで一例であって，相関係数と散布図は1対1対応するものではないことに注意して下さい（図1.13）。このため，相関係数を求めるときは，常に散布図を合わせて確認することが重要です。

次に，相関係数の求め方を確認します。一方の変数を x，他方の変数を y と表記することにすると，相関係数は次式で求めることができます。

$$x \text{と} y \text{の相関係数} = \frac{x \text{と} y \text{の共分散}}{(x \text{の標準偏差}) \times (y \text{の標準偏差})}$$

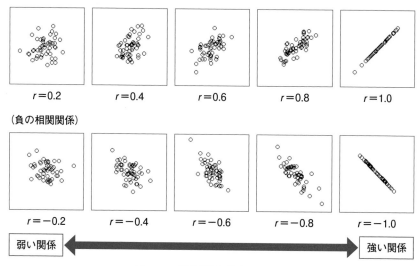

図 1.12 相関係数と散布図の関係

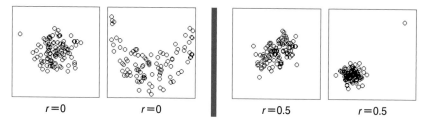

図 1.13 散布図が異なるが相関係数が同じになる例

　ここで**共分散**（covariance）という新しい統計量が登場します。難しそうに聞こえますが，求め方は簡単で「『平均値との差』の積の平均値」です。表1.7のデータ例を使って説明します。前日の睡眠時間を x，食べたごはんの量を y と置くことにします。まず，各変数の平均値を求めておきましょう。x の平均値は7，y の平均値は300になります。

　次に，5つの各データについて「『平均値との差』の積」を計算します。

　　1日目……「平均値との差」の積 $= (9-7) \times (200-300) = -200$

　　2日目……「平均値との差」の積 $= (5-7) \times (500-300) = -400$

　　3日目……「平均値との差」の積 $= (6-7) \times (300-300) = 0$

　　4日目……「平均値との差」の積 $= (8-7) \times (100-300) = -200$

　　5日目……「平均値との差」の積 $= (7-7) \times (400-300) = 0$

この平均値が共分散になります。

$$x \text{ と } y \text{ の共分散} = \frac{-200+(-400)+0+(-200)+0}{5} = -160$$

　相関係数は，共分散を x の標準偏差と y の標準偏差の積で割ることで求まるので，x の標準偏差は $\sqrt{2}$，y の標準偏差は $100\sqrt{2}$ になります。

　したがって，相関係数は次の通りになります。

$$x \text{ と } y \text{ の相関係数} = \frac{x \text{ と } y \text{ の共分散}}{\left(x \text{ の標準偏差}\right) \times \left(y \text{ の標準偏差}\right)}$$

$$= \frac{-160}{\sqrt{2} \times 100\sqrt{2}} = \frac{-160}{200} = -0.8$$

　最後に補足説明をします。標準偏差は常に正の値をとるため，共分散の符号は相関係数の符号に必ず一致します。したがって，共分散からも両変数の関係をある程度推測することができます。しかし，共分散にはデータの単位の影響を受けるという不便な性質があります（例えば，ごはんの量の単位を g から kg に変換すると，共分散は -0.16 と変わってしまいます）。そこで単位の影響を排除するため，各変数の標準偏差で割っています。この操作を経ることで，相関係数は常に -1 から $+1$ の範囲の値をとるようになります。

前日の睡眠時間とごはんの量を記録した表 1.7 のデータについて考えます。
このデータについて散布図を描いてみると図 1.14 のようになります。

表 1.7　睡眠時間とごはんの量の関係

	x：前日の睡眠時間 （時間）	y：食べたごはんの量 （g）
1日目	9	200
2日目	5	500
3日目	6	300
4日目	8	100
5日目	7	400

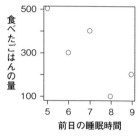

図 1.14　表 1.7 のデータの散布図

コラム 1.6　　クリシンしてみよう

問：社会人 100 人を対象に，所有しているスマートフォンの購入価格と年収の関係を調査した結果，その相関係数は $r = 0.7$ となり，散布図は図 1.15 の通りであったとします。この調査データを根拠に，ある店員さんが，「高価なスマートフォンは性能が良いので，仕事がはかどるようになり，結果として年収が上がるのです」と，あなたに高価なスマートフォンの購入を勧めてきます。本当に，高価なスマートフォンを持つと仕事がはかどり，年収が上がるのでしょうか？

答：実際は，年収が高い人は高価なスマートフォンを購入する余裕がある，という逆の因果関係である可能性が高いように思われます。あるいは，因果関係が全くなくとも，第 3 の変数が両変数に影響することで見かけ上の相関（疑似相関といいます）が生じている可能性もあります。例えば，「新しいものへの敏感さ」という変数です。新しいものに敏感な人はそのセンスを活かしてビジネスを展開して高年収となり，また，新しい高価な機種を好む傾向にあるのかもしれません。相関係数は，因果関係を推測する上で有用な統計量ですが，因果の方向性や第 3 の変数の存在までは明らかではないことに注意して下さい。

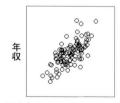

図 1.15　スマートフォンの価格と年収の関係

1.3.2 連関係数

　変数の種類によっては，データが数字で表現されないため，相関係数を求めることができない場合があります。例えば，その日の天気（晴れ，くもり，雨）と，道路の渋滞状況（渋滞あり，なし）の関係の強さです。このように，値がカテゴリとして表現される変数を**質的変数**（qualitative variable）といいます（一方，これまで見てきたような，データの値が数字で表現される変数は，**量的変数**（quantitative variable）といいます）。

　2つの質的変数の関係の強さを表す統計量には，**連関係数**（coefficient of association）があります。連関係数は次式[2]で求めることができます。

$$連関係数 = \sqrt{\dfrac{\left(\text{「期待度数と観測度数の差」の2乗÷期待度数}\right)\text{の和}}{\text{観測度数の総数}\times\left(\text{各変数のカテゴリ数のうち，少ない方}-1\right)}}$$

　期待度数は，もし2つの変数の間に全く関係がないと考えた場合に期待される度数のことです。表1.8のデータを使って説明します。まず，このような2つの質的変数の関係を表すデータについて，行と列で各変数の値の組合せがクロスするように集計した表を**クロス集計表**（cross-tabulation table）といいます（表1.9）。クロス集計表では，各カテゴリで観測された度数の合計（周辺度数といいます）も求めておきます。期待度数は，この周辺度数から求めます。いま，「渋滞なし」と「渋滞あり」の各周辺度数は20と5になっていますから，天気と渋滞状況の間に全く関係がない場合は，天気に関わらず「渋滞なし」と「渋滞あり」の度数が20：5＝4：1の比率で生じるはずです。したがって，例えば，晴れで「渋滞なし」となる期待度数は，晴れの周辺度数である5にこの比率を掛けて，表1.10の通りになります。その他も同様に求めます。また，（「期待度数と観測度数の差」の2乗÷期待度数）の和は，表1.11の通りとなり，9.375です。さらに，「観測度数の総数」は25，「各変数のカテゴリ数（2と3）のうち，少ない方」は2ですから，

---

[2]　この式で算出される連関係数は，正確には「クラメールの連関係数」といいます。

その日の天気と朝の渋滞状況を記録した表 1.8 のデータについて考えます。

表 1.8　天気と朝の渋滞状況のデータ例

	天気	渋滞
1 日目	晴れ	なし
2 日目	雨	あり
3 日目	くもり	なし
⋮	⋮	⋮
25 日目	晴れ	なし

表 1.9　**表 1.8 のクロス集計表**

	渋滞なし	渋滞あり	計
晴れ	5	0	5
くもり	10	0	10
雨	5	5	10
計	20	5	25

表 1.10　**2 つの変数の間に全く関係がない場合の期待度数**

	渋滞なし	渋滞あり
晴れ	$5 \times \dfrac{4}{4+1} = 4$	$5 \times \dfrac{1}{4+1} = 1$
くもり	$10 \times \dfrac{4}{4+1} = 8$	$10 \times \dfrac{1}{4+1} = 2$
雨	$10 \times \dfrac{4}{4+1} = 8$	$10 \times \dfrac{1}{4+1} = 2$

表 1.11　**（「期待度数と観測度数の差」の 2 乗÷期待度数）の和**

	渋滞なし	渋滞あり
晴れ	$\dfrac{(4-5)^2}{4} = \dfrac{1}{4}$	$\dfrac{(1-0)^2}{1} = 1$
くもり	$\dfrac{(8-10)^2}{8} = \dfrac{1}{2}$	$\dfrac{(2-0)^2}{2} = 2$
雨	$\dfrac{(8-5)^2}{8} = \dfrac{9}{8}$	$\dfrac{(2-5)^2}{2} = \dfrac{9}{2}$

この和は次の通りになります。

$$\frac{1}{4} + 1 + \frac{1}{2} + 2 + \frac{9}{8} + \frac{9}{2}$$

$$= \frac{75}{8} = 9.375$$

$$連関係数 = \sqrt{\frac{9.375}{25 \times (2-1)}} \fallingdotseq 0.612 \quad となります。$$

　連関係数の絶対値は，相関係数と同様に0〜1の値をとり，値が大きいほど2つの変数の関係が強いことを示します。ただし，相関係数とは異なり，必ず正の値をとることに注意して下さい。

　補足的な説明として，2つの質的変数のカテゴリ数がどちらも2の場合は（例えば，先の例で，天気のカテゴリを「晴れ」と「晴れ以外」の2種類で収集していた場合），コラム1.7に示すようなより簡単な式で2つの変数の関係の強さを求めることができます。これを**ファイ係数**（phi coefficient）といいます。実はファイ係数は，1つ目のカテゴリの値を0，2つ目のカテゴリの値を1として求めた相関係数に一致します。すなわち，相関係数と同様に，2つの変数の関係の強さを解釈することができます。

　なお，連関係数の大きさの目安として，高橋（2004）は，統計学的な基準はないと前置きをした上で，0.25未満であれば「非常に弱く関連している」，0.25〜0.50であれば「やや弱く関連している」，0.5〜0.8であれば「やや強く関連している」，0.8以上であれば「非常に強く関連している」という基準を示しています。一方，吉田（2018b）は，このような統計量の値の解釈について「値が○○以上であれば，〜といえる」などといった絶対的基準は存在せず，あくまで相対的に判断されるべきものと警鐘を鳴らしています。たとえ連関係数が0.2であっても，他に関連する変数が全く見つかっていない中で見つかったものならば，それは意義のある発見と考えられます。相関係数についても同様のことがいえるでしょう。これらの統計量の値を解釈する際は，あくまで相対的な判断であることに留意して下さい。

コラム 1.7　　**カテゴリ数が各変数とも 2 の場合の簡単な連関係数の求め方**

表 1.12　ファイ係数の求め方

	カテゴリ 1	カテゴリ 2	計
カテゴリ 1	a	b	p
カテゴリ 2	c	d	q
計	x	y	n

$$\varphi = \frac{a \times d - b \times c}{\sqrt{x \times y \times p \times q}}$$

表 1.8 の天気データを，晴れと晴れ以外の 2 つのカテゴリ値で収集していた場合について考えてみます。

表 1.13　天気と朝の渋滞状況のデータ例

	天気	渋滞
1 日目	晴れ (0)	なし (0)
2 日目	晴れ以外 (1)	あり (1)
3 日目	晴れ以外 (1)	なし (0)
⋮	⋮	⋮
25 日目	晴れ (0)	なし (0)

表 1.14　表 1.13 のクロス集計表

	渋滞 なし (0)	渋滞 あり (1)	計
晴れ (0)	5	0	5
晴れ以外 (1)	15	5	20
計	20	5	25

$$\varphi = \frac{a \times d - b \times c}{\sqrt{x \times y \times p \times q}} = \frac{5 \times 5 - 0 \times 15}{\sqrt{20 \times 5 \times 5 \times 20}} = \frac{25}{\sqrt{10000}} = \frac{25}{100} = 0.25$$

（これは，表 1.13 の括弧内のデータ（0, 1）を用いて算出した相関係数に一致します。）

参 考 図 書

南風原 朝和（2002）．心理統計学の基礎——統合的理解のために——　有斐閣

　散布度として，なぜ「各データと『平均値』の差」をもとにした分散や標準偏差が多く使われるのか，また，相関係数が−1から＋1の範囲に収まる理由といった，各記述統計量の由来や原理についても丁寧に解説されています。

森 敏昭・吉田 寿夫（編著）（1990）．心理学のためのデータ解析テクニカルブック　北大路書房

　本書で取り上げた以外の記述統計量（例えば，歪度・尖度，平均情報量（エントロピー）等）についても幅広く紹介されています。

吉田 寿夫（1998）．本当にわかりやすいすごく大切なことが書いてあるごく初歩の統計の本　北大路書房

　相関係数による数値要約を行う際の留意点について，約20ページにわたって丁寧に解説されています。

キーワード

統計，無作為化，サンプルサイズ，マッチング，交絡，変数，統計量，代表値，平均値，中央値，最頻値，外れ値，散布度，範囲，分散，標準偏差，標準化，標準得点，z得点，偏差値，棒グラフ，ヒストグラム，箱ひげ図，階級，階級幅，度数分布表，階級値，第1四分位点，第3四分位点，第2四分位点，折れ線グラフ，四分位範囲，度数ポリゴン，円グラフ，相関係数，散布図，共分散，質的変数，量的変数，連関係数，クロス集計表，ファイ係数

第2章

推測統計
——推定と検定

　本章では，推測統計の基礎について学びます。関心のある対象全体である母集団と，調査等によって実際に手に入れることができる標本との関係を説明し，標本から計算される数値である標本統計量と，その標本統計量の分布である標本分布について考えていきます。

　そしてさらに，標本分布の考え方を基礎とした，具体的な推測統計の方法である統計的推定と統計的仮説検定について学びます。

　本章の内容は，第1章に比べると抽象度が高く，初学者にとって理解が難しいところです。しかし，後の章の基本となる内容でもあるので，しっかりと学んでいきましょう。

2.1　母集団と標本

2.1.1　母集団と標本

　関心のある対象全体のことを**母集団**（population）といいます。母集団の一部であり，実験や調査などから研究者が実際に手に入れることのできるものが**標本**（sample）です。母集団全体を対象とした調査を全数調査，標本に基づく調査を標本調査と呼びます（表 2.1）。図 2.1 は，母集団と標本の関係を示したものです。母集団から標本を抽出し（sampling），標本の情報から母集団についての推測を行うのが推測統計の目的となります。母集団を構成するメンバーを母集団の要素，母集団の要素の数を母集団の大きさといい，N で表します。一般的に N は相当大きな数です。標本に含まれる要素の数を**サンプルサイズ**（標本の大きさ）といい n で表します。サンプルサイズ n は，母集団の大きさ N に比べると小さな数で，研究目的にもよりますが，数十から数千程度です（ビデオリサーチ社によるとテレビの視聴率調査は関東地方で $n = 2,700$（2020 年 4 月時点で）です）。

2.1.2　母数と標本統計量，標本統計量の実現値

　母数（parameter）とは，母集団における値のことです。例えば，母集団における平均である母平均などがあります。母平均は母集団の要素全部から計算される平均です。一方，標本から計算される値を**標本統計量**（sample statistic）といいます。標本統計量は，標本の要素を用いて計算される値です。表 2.2 に，母数と標本統計量の関係を示しました。母集団からどんな標本が選ばれるかによって，標本統計量の値は変わります。図 2.1 の例では，$n = 2$ の標本（4 と 8）が選ばれて，標本平均は 6 となります。しかし，標本として 2 と 3 が選ばれた場合は，標本平均は 2.5 となります（図 2.2）。標本統計量は，標本に応じて様々な値をとります。このように（確率に従って）様々な値をとる変数のことを**確率変数**といいます。そして，具体的な標本（例えば，4 と 8 からなる標本）から求められる標本統計量のことを，**標本**

表 2.1　**全数調査と標本調査の例**

全数調査→記述統計の文脈	国勢調査，全国学力・学習状況調査
標本調査→推測統計の文脈	テレビの視聴率調査，マスコミの世論調査，工場の製品チェック

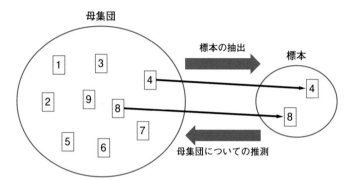

母数：母平均＝(1＋2＋…＋9)/9＝5（通常は未知の　　標本統計量：標本平均
　　　定数）　　　　　　　　　　　　　　　　　　　　標本平均の実現値＝(4＋8)/2＝6
母集団の大きさ：*N*＝9（通常は，もっと大きな数）　サンプルサイズ（標本の大きさ）：*n*＝2
母集団の要素：1 から 9（通常は，調べ尽くすことは　標本の要素：4 と 8
　　　　　　　できない）

図 2.1　**母集団と標本**

表 2.2　**母数と標本統計量，標本統計量の実現値**

母数（母集団における値）	標本統計量	標本統計量の実現値
母集団における値のこと。全数調査をしない限り，通常は値を知ることができない。未知の定数。	標本から計算される値。標本ごとに様々な値をとる確率変数。	具体的な標本から計算される標本統計量の値。標本が決まると実現値は 1 つの値に定まる。
母平均（図 2.1 では，母平均は 5 となるが，これはあくまで例なので母数の値を知ることができている）	標本平均（図 2.1 では抽出される標本によって，標本平均は 1.5（1 と 2）から 8.5（8 と 9）まで様々な値をとる）	標本平均の実現値（図 2.1 のように，標本の要素が 4 と 8 と具体的に決まると，標本統計量の実現値は 6 と定まる）
母比率	標本比率	標本比率の実現値
母分散	標本分散	標本分散の実現値
母相関係数	標本相関係数	標本相関係数の実現値

統計量の実現値と呼ぶことにします。標本が具体的に決まってしまえば，標本統計量の値は一意に定まる（4と8から計算される標本平均は6で，他の値をとることはない）ので，様々な値をとる標本統計量と区別するために，標本統計量の実現値と呼ぶのです。確率変数の分布（確率変数がどんな確率でどんな値をとるかを示したもの）を**確率分布**といいます。表2.3は，図2.1で示した「1から9の数字から1つの数字を選ぶ」という確率変数の確率分布です。1から9のどの数字も等しい確率で選ばれるとすると，それぞれの値に対して1/9の確率を割り当てることができます。

2.1.3 標本統計量の変動を考える

　標本統計量は様々な値をとる，ということをもう少し考えてみましょう。そのために，表2.4のように場面設定します。図2.2に示したように，標本が異なると，そこから計算される標本統計量の実現値も変わります。つまり，標本統計量は変動する，このこと自体は仕方のないこととして，受け入れましょう。問題は，その標本統計量の変動がどれくらいの大きさかです。標本統計量の変動が小さければ，様々な値をとったとしても，その値は母平均の近くに一定の範囲に収まるからよいだろう（例えば，母平均が5で，標本平均が概ね4から6の範囲に収まるならよしとしよう）と考えるのです。逆に標本統計量の変動が大きすぎる場合（母平均が5で，標本平均が1から9の範囲になってしまうような場合），標本平均の実現値をもとに母平均について推測をすることについて疑問が生じます。変動が大きすぎる場合，その推測が当てにならないからです。そこで，標本統計量の変動を考え，その変動の大きさを評価する，という視点が重要になってきます。

2.1.4 標本統計量の変動の大きさを評価する

　標本統計量の変動を評価するためには，標本統計量の確率分布を考えます。この標本統計量の分布のことを**標本分布**（sampling distribution）といいます。標本統計量がどんな確率でどんな値をとるか，標本分布がどのような分

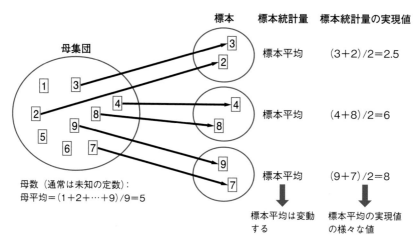

図 2.2 **標本統計量（標本平均）は様々な値をとる**

表 2.3 **1から9の数字からデタラメに1つ選ぶときの確率分布**

確率変数のとる値	1	2	3	4	5	6	7	8	9
確率	1/9	1/9	1/9	1/9	1/9	1/9	1/9	1/9	1/9

表 2.4 **図 2.1 および図 2.2 の場面設定**

- 母集団には，9人の中学生が含まれる（母集団の大きさ $N=9$）。
- 1から9の数値：9人の中学生の自尊感情尺度の得点（得点の範囲は1〜10点）。
- 母平均は5点だが，調査者はこれを知ることができない。
- 標本調査を行い，母数（母平均）を推測しようとしている。
- 標本の大きさは $n=2$。この標本から標本平均の実現値を求め，母平均を推測する。

表 2.5 **標本統計量の変動の大きさを評価する手順**

1. 母集団分布に何らかの確率分布を仮定する。
2. 母集団分布から標本統計量の確率分布（標本分布）を導出する。
3. 標本統計量の確率分布（標本分布）がわかれば，標本統計量がどんな確率でどんな値をとるかがわかり，その変動の大きさを評価できるようになる（例えば，標本分布の標準偏差などから）。

布になるかがわかれば，標本統計量の変動の大きさを評価できます。その手
順を表2.5に示しました。図2.1について，表2.5の手順に従って，標本分
布を導出してみましょう。母集団分布の確率分布は，表2.3を用いることが
できます。1から9という母集団の要素が等しい確率で抽出されるというこ
とです。そして，この母集団から $n=2$ の標本を抽出します。$n=2$ の標本と
して可能な組合せを表2.6に示しました。36通りの標本があります。それ
ぞれの標本から計算される標本平均の実現値も表2.6には書かれています。
これらの標本が等しい確率で抽出されるとすれば，各標本について1/36ず
つ確率を割り当てることができます。表2.6から標本平均の確率分布を求め
てみましょう。標本平均の確率分布（標本分布）を表にしたのが表2.7，図
にしたのが図2.3の一番上の図です。この図からわかるのは，母平均5を中
心に分布していること，そして，1.5や8.5といった母平均から離れた値は
とりにくく，4.5や5.5といった母平均に近い値の方がとりやすいことです。
たった $n=2$ の標本であっても，その標本平均は母平均に近い値をとりやす
いことがわかります。

　しかし，$n=2$ ではやはり，標本平均の変動はかなり大きいこともまた事
実です。そこで，サンプルサイズを大きくして，標本平均の分布を描いてみ
たのが図2.3の残りの2つの図です。真ん中の図は $n=4$ の標本から，下の
図は $n=6$ の標本から，それぞれ，標本平均の確率分布を求めたものです。
母平均である5を中心に分布が描かれていることは共通していますが，サン
プルサイズが大きくなるとともに，より母平均の周りに値が集中しているこ
とが見てとれます。$n=6$ の標本から標本分布を描いてみると，標本平均の
値はほぼ4から6の範囲に含まれていることがわかります。これなら，たと
え標本平均が標本ごとに変動するといっても，母平均からかけ離れた値にな
ることは起こりにくく，母平均の推測についてその結果を信頼することがで
きそうです。つまり，推測が当てになる，精度がよいと考えられるというこ
とです。この例のように，一般にサンプルサイズが大きくなるほど標本分布
の変動を小さくすることができ，母数の推測の精度を上げることができます。

表2.6　可能な標本の組合せ（表中下段は標本平均の実現値）

(1, 2)	(1, 3)	(1, 4)	(1, 5)	(1, 6)	(1, 7)	(1, 8)	(1, 9)	(2, 3)
1.5	2	2.5	3	3.5	4	4.5	5	2.5
(2, 4)	(2, 5)	(2, 6)	(2, 7)	(2, 8)	(2, 9)	(3, 4)	(3, 5)	(3, 6)
3	3.5	4	4.5	5	5.5	3.5	4	4.5
(3, 7)	(3, 8)	(3, 9)	(4, 5)	(4, 6)	(4, 7)	(4, 8)	(4, 9)	(5, 6)
5	5.5	6	4.5	5	5.5	6	6.5	5.5
(5, 7)	(5, 8)	(5, 9)	(6, 7)	(6, 8)	(6, 9)	(7, 8)	(7, 9)	(8, 9)
6	6.5	7	6.5	7	7.5	7.5	8	8.5

表2.7　標本平均の確率分布（標本分布）$n=2$ のとき

標本平均の数値	1.5	2	2.5	3	3.5	4	4.5	5	5.5	6	6.5	7	7.5	8	8.5
確率	1/36	1/36	2/36	2/36	3/36	3/36	4/36	4/36	4/36	3/36	3/36	2/36	2/36	1/36	1/36

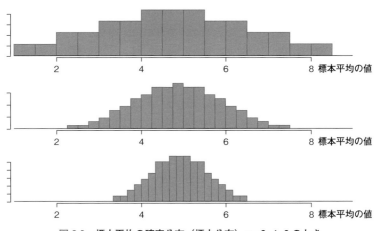

図2.3　標本平均の確率分布（標本分布）$n=2, 4, 6$ のとき

よい推測を行うためにはサンプルサイズを大きくすればよいのです。

2.2　正規分布と標準正規分布

2.2.1　正規分布

　前節では，母集団の要素が全てわかっていて，母集団分布の確率分布もわかっているという特殊な例を取り上げました。しかし，推測統計を行う場合，通常，母集団のことを正確に知ることはできません。それができるのは，母集団について調べ尽くすことができる場合，つまり，全数調査の場合です。全数調査ができるなら，推測統計は必要ありません。母集団の正確な姿がわからない場合は，何らかの確率分布を母集団分布として仮定して話を進めることがよくなされます。その際，心理統計でよく利用される確率分布が**正規分布**（normal distribution）です。正規分布とは，左右対称，釣り鐘型（bell shape）といった特徴を持つ理論的な分布のことです。理論的な分布と呼んだのは，実際のデータから作成される分布（これには度数分布，棒グラフやヒストグラムといったものがあります）ではないためです。正規分布は**図 2.4** のような形状をしていますが，これは実際のデータから作成したヒストグラムではありません。ここからわかることは，分布の中央である平均の周りに値が集まっていて，平均から離れるほど，それらの値をとる可能性が低くなっているということです。正規分布は現実の度数分布ではありませんが，現実のデータから作成された度数分布（例えば，センター試験の得点分布や，大学生の身長の分布など）も，正規分布とよく似た形になることが知られています。

　また，正規分布はその形状が，平均と分散によって定まります。平均が μ（ミュー），分散が σ^2（シグマ 2 乗）の正規分布を $N(\mu, \sigma^2)$ と表します。N は正規（normal）の n です。平均 μ が正規分布の中心の位置を，分散 σ^2 が正規分布の横方向への広がりの大きさを表します。**図 2.5** には，平均と分散の異なる 3 つの正規分布が描かれています。$N(-4, 4)$ と $N(2, 4)$

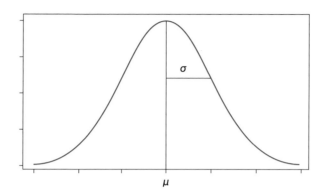

図 2.4　**正規分布（平均が μ，標準偏差は σ）**

平均 μ，分散 σ^2 の正規分布を $N(\mu, \sigma^2)$ と表します。

ある確率変数 X の確率分布として，$N(\mu, \sigma^2)$ の正規分布を仮定できるとき，「確率変数 X は $N(\mu, \sigma^2)$ に従う」といい，$X \sim N(\mu, \sigma^2)$ と表します。

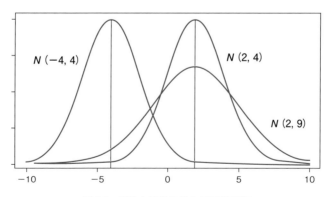

図 2.5　**平均と分散の異なる正規分布**

は平均の値が異なるため，山の中心の位置が違います。N（2, 4）と N（2, 9）は分散の値が異なるため，山の横方向への広がりの大きさが異なります。

2.2.2　標準正規分布表とその使い方

　平均 0，分散 1 の正規分布を**標準正規分布**といいます。標準正規分布には，平均，中央値，最頻値が全て 0 になる，0 を中心に左右対称の形をしている，つまり，0 より小さい範囲に全体の 50%，0 より大きい範囲に全体の 50%が入る，といった特徴があります。ある確率変数 Z の確率分布として標準正規分布を仮定できるとき，Z は標準正規分布に従うといい，これを $Z \sim N$（0, 1）と表します。

　本書の巻末の付表 1 を見て下さい。この表を**標準正規分布表**といいます。標準正規分布表を使うと，標準正規分布における任意の範囲の全体に対する割合，言い換えると，標準正規分布における任意の範囲の確率を求めることができます。標準正規分布表には，標準正規分布に従う確率変数 Z が具体的にとる値（実現値）z と，それに対応する① P（$0 < Z < z$）（Z が 0 から z までの値をとる確率）および，② P（$Z > z$）（Z が z より大きな値になる確率，上側確率ともいう）が記載されています。このように確率変数を大文字（Z）で，その実現値を小文字（z）で表すことが一般的です。例えば，① P（$0 < Z < 1.0$）= .3413，② P（$Z > 1.0$）= .1587 と求めることができます（図 2.6）。

2.2.3　相対評価における 5 段階評定

　偏差値とは，平均が 50，標準偏差が 10 となるように変換が施された得点です。あるテストの得点 X が，平均 50，標準偏差 10（つまり，分散 100）の正規分布に従っているとします。2001 年より前は，国内の小中学校での成績評価は相対評価によって行われていました。通知表の 5 段階評定は，児童生徒の学力が正規分布に従っていると考えて以下のように区分されました。

1. 偏差値 < 35 は 1 の評定

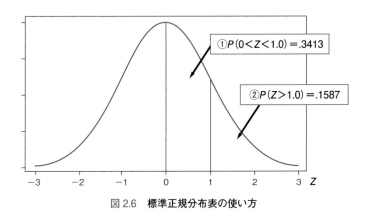

①$P(0<Z<1.0)=.3413$

②$P(Z>1.0)=.1587$

図2.6　標準正規分布表の使い方

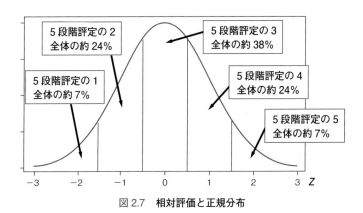

5段階評定の2
全体の約24%

5段階評定の3
全体の約38%

5段階評定の1
全体の約7%

5段階評定の4
全体の約24%

5段階評定の5
全体の約7%

図2.7　相対評価と正規分布

表2.8　相対評価における5段階評定とZ得点，偏差値の関係

評定	Z得点の範囲	偏差値の範囲	その範囲の割合
1	$Z<-1.5$	偏差値<35	約 7%（.0668）
2	$-1.5<Z<-0.5$	$35<$偏差値<45	約24%（.2417）
3	$-0.5<Z<0.5$	$45<$偏差値<55	約38%（.3830）
4	$0.5<Z<1.5$	$55<$偏差値<65	約24%（.2417）
5	$Z>1.5$	偏差値>65	約 7%（.0668）

2.　35 ＜偏差値＜ 45 は 2 の評定

3.　45 ＜偏差値＜ 55 は 3 の評定

4.　55 ＜偏差値＜ 65 は 4 の評定

5.　偏差値＞ 65 は 5 の評定

　それぞれの評定をもらえる児童生徒は何％ずつになるかを，標準正規分布表を利用して求めてみます（右ページを参照）。1 と 5 の評定は約 7％，2 と 4 の評定は約 24％，3 の評定は約 38％となります（図 2.7 と表 2.8）。

　また，標準正規分布表を用いて，標準正規分布全体の 95％に対応する Z の範囲を求めると P（$-1.96 < Z < 1.96$）$= .95$ と求められます。標準正規分布では -1.96 から 1.96 までに全体の 95％が含まれます。この中途半端な数に思える 1.96 という値が，標準正規分布においては重要な意味を持ちます（図 2.8）。

2.2.4 標本分布と標準誤差

　2.1.4 項で述べたように，標本統計量の確率分布のことを**標本分布**といいます。母集団分布として正規分布を仮定すると，標本平均の標本分布もまた正規分布になることが知られています（図 2.9）。このとき，標本平均の標本分布の平均は，母集団分布の平均（つまり，母平均 μ）に一致します。一方，標本平均の標本分布の分散は，母分散 σ^2 には一致せず，σ^2/n となります。標本分布の分散は，標本のサンプルサイズ n が大きくなるほど，小さくなるのです。2.1.4 項でも，サンプルサイズが大きくなると，標本平均の値が母平均の周りに集中しやすくなり，より精度の高い推定が行えるようになることを述べました。ここでも同様のことがいえるということです。

　標本分布の標準偏差のことを，**標準誤差**（standard error: SE と略される）といいます。標本平均の標本分布では，分散が σ^2/n と表せたので，ここから標準誤差を求めると，$\sqrt{\dfrac{\sigma^2}{n}} = \dfrac{\sigma}{\sqrt{n}}$ となります。標準誤差は，標本分布におけるばらつき，言い換えると，標本統計量の変動の大きさを評価するための

　偏差値の分布 $X \sim N(50, 10^2)$ を標準化してみます。標準化は，平均を引いて標準偏差で割る操作なので，$Z = (X - 50)/10$ となります。

評定 1……$P(X < 35) = P(Z < (35 - 50)/10) = P(Z < -1.50) = P(Z > 1.50) = .0668$（約 7%）→正規分布が左右対称の分布であることを利用。

評定 2……$P(35 < X < 45) = P((35 - 50)/10 < Z < (45 - 50)/10) = P(-1.50 < Z < -0.50) = P(0.50 < Z < 1.50) = P(0 < Z < 1.50) - P(0 < Z < 0.50) = .4332 - .1915 = .2417$（約 24%）→ 0.50 から 1.50 の範囲の確率を求めるのに，0 から 1.50 の範囲の確率から，0 から 0.5 の範囲の確率を引くことで求めています。

評定 3……$P(45 < X < 55) = P((45 - 50)/10 < Z < (55 - 50)/10) = P(-0.50 < Z < 0.50) = 2 \times P(0 < Z < 0.50) = 2 \times .1915 = .3830$（約 38%）

評定 4……$P(55 < X < 65) = P((55 - 50)/10 < Z < (65 - 50)/10) = P(0.5 < Z < 1.50) = P(0 < Z < 1.50) - P(0 < Z < 0.50) = .4332 - .1915 = .2417$（約 24%）

評定 5……$P(X > 65) = P(Z > (65 - 50)/10) = P(Z > 1.50) = .0668$（約 7%）

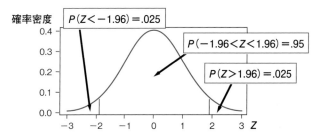

図 2.8　**標準正規分布において全体の 95% となる範囲**

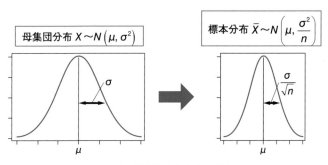

図 2.9　**母集団分布と標本分布**

指標となります。標準誤差の値が小さければ，標本分布のばらつきが小さい，標本統計量の変動が小さいと評価できます。よい推測を行うには，標本統計量の変動を小さく抑えることが重要です。このためには，標準誤差を小さくすればよい，そのための一番単純な方法としては，サンプルサイズを大きくすればよいということになります。

2.3　統計的推定

　心理学を専攻する大学生の卒業論文では，質問紙調査を実施し 100〜300 人程度の大学生を対象にデータを収集するということがよく行われます。ユキナさんの卒業研究（表 2.9 に概要を示しました）を例に統計的推定と統計的仮説検定について考えてみましょう。

2.3.1　点推定と区間推定

　母集団の値である母数を，標本の値である標本統計量から推定する場合，点推定と区間推定を考えることができます。**点推定**とはたった 1 つの値で推定を行うことです。ユキナさんの卒論の例では，「大学生の自尊感情尺度の平均は 27 点である」と推定すると点推定になります。2.1.2 項で述べたように，標本統計量は確率変数であり，標本ごとにその値は変動します。27 点という値が母集団における母平均をピッタリ正確に推測できる保証はありません。しかし，27 点というのは，標本平均の標本分布（2.2.4 項参照）の値であり，この値は母平均に近い値である可能性が高いと考えられます。

　一方，**区間推定**とは，1 つの値ではなく，区間で推定を行うことです。標本統計量の実現値に幅を持たせて「ここからここまでの区間」という形で示すのです。「大学生の自尊感情尺度の平均は 25 点から 29 点の範囲の値である」と推定すると区間推定になります。標本調査は標本抽出に伴う誤差（これを**標本誤差**といいます）を含むので，1 つの値で推定する点推定よりも，標本誤差を考慮に入れた区間推定の方がより慎重な推定といえるでしょう。

表2.9 ユキナさんの卒業研究の概要

A大学で教育心理学を専攻しているユキナさんが，「大学生の自尊感情と幼児期の母への愛着との間にどのような関連があるか」を調べるために心理尺度を用いて調査を実施しました。調査は，A大学のある講義の時間を使って行われ，調査に参加してくれた学生は100人でした。ユキナさんの集めた$n=100$のデータから自尊感情尺度の得点を計算したところ，その平均値が27点，標準偏差は7点でした。なお，自尊感情を測定する尺度として，ローゼンバーグの自尊感情尺度日本語版（山本・松井・山成，1982）が用いられました。

コラム2.1　ローゼンバーグ（Rosenberg, M.）の自尊感情尺度日本語版についての検討

　ローゼンバーグ（Rosenberg, M.）の自尊感情尺度は，我が国でもよく利用されている有名な心理尺度です。10項目からなる尺度で，1因子性が仮定されています（第7章「因子分析」も参照して下さい）。この尺度は様々な研究者によって，複数の日本語版が作成されています。堀（2003）は，それら複数の日本語版について再分析を行い，結果の差異を検討しています。ローゼンバーグの自尊感情尺度は1因子が仮定されていますが，堀（2003）は，共分散構造分析（第8章を参照して下さい）による，因子数の再検討も行っています。堀（2003）の分析や考察もとても興味深いのですが，以下の文章がとてもクリティカルで勉強になります。「日本語訳は山本ほか（1982）にあるが，実際に訳した項目は山本（2001）にある。山本ほか（1982）では9項目が1因子になるとし，9項目の合計点を使っているが，どの項目が省かれたか記載されていない。山本（2001）では原論文の著者であるにもかかわらず9項目である点を無視し，10項目の足し算をすること，信頼性，妥当性があるといい述べている」。

　山本ら（1982）の日本語版尺度は，卒業論文でもよく利用されています。上記のような経緯があるにもかかわらず，山本（2001）で掲載されている10項目の合計点を尺度得点として無批判に利用している学生も多いため，この堀（2003）の指摘は意義のあるものだと思われます。

また，点推定を行うと，それが真の値であるかのような印象を知らず知らずのうちに与えてしまうこともあるので注意が必要です。「標本誤差を考えると，母数はこの区間の中の値である可能性が高い」と述べる区間推定は，結果の表現で統計的推定が標本誤差を含むものであることを明示しており，控えめで誠実な推定といえるかもしれません。

2.3.2　信頼区間の求め方

　区間推定を行う場合，**信頼区間**（confidence interval）を計算します。信頼区間は，標本分布から導出することができます。表 2.10 に，信頼区間を導出する過程を示しました。標本分布 $\bar{X} \sim N\left(\mu, \dfrac{\sigma^2}{n}\right)$ を標準化することにより，標準正規分布に従う Z を求め，標準正規分布において，-1.96 から 1.96 の範囲に全体の 95％ が含まれることを利用して，母平均 μ についての区間を求めていきます。そして，表 2.10 の 7 で求められた区間を，**母平均 μ の 95％信頼区間**といいます。母平均を推定する際に，標本平均の実現値を単一の値で示すと点推定となります。標本平均の実現値に「1.96×標準誤差」を足し引きすることにより，95％信頼区間を計算することができて，この信頼区間を用いて区間推定を行うことができるのです。

　ユキナさんの卒論の例について，母平均の 95％信頼区間を計算してみましょう。具体的な計算の過程は，表 2.11 に示されています。標本平均の実現値は 27，標準誤差は 0.6 と求められます（表 2.11 の 2）。1.96×標準誤差は 1.176 となるので，これを足し引きして，母平均 μ の 95％信頼区間は ［25.824, 28.176］ と求められました。信頼区間を表記するときは，このように ［信頼区間の下限，信頼区間の上限］ という書き方を用います。以上により，「大学生の自尊感情尺度の平均は 25.8 点から 28.2 点の範囲の値である（母平均の 95％信頼区間は ［25.8, 28.2］）」と区間推定の結果を報告することができます。こうして求めた 95％信頼区間は，標本が変われば，区間の値も変わります。信頼区間も標本統計量と同様，標本ごとに変動する区間です

表 2.10 標本分布における確率から信頼区間を導く（95% 信頼区間の場合）

1. 母集団分布：$X \sim N(\mu, \sigma^2)$ → 標本平均の標本分布：$\bar{X} \sim N\left(\mu, \dfrac{\sigma^2}{n}\right)$

2. 標本分布を標準化：$Z = \dfrac{\bar{X} - \mu}{\sqrt{\sigma^2/n}} \sim N(0, 1)$ → Z は標準正規分布 $N(0, 1)$ に従う。

3. $N(0, 1)$ で -1.96 から 1.96 の範囲に全体の 95% が含まれる：
   $P(-1.96 < Z < 1.96) = .95$

4. この式で，Z を $\dfrac{\bar{X} - \mu}{\sqrt{\sigma^2/n}}$ で置き換えると，$P\left(-1.96 < \dfrac{\bar{X} - \mu}{\sqrt{\sigma^2/n}} < 1.96\right) = .95$

5. この式の括弧の中を変形していく：$-1.96 < \dfrac{\bar{X} - \mu}{\sqrt{\sigma^2/n}} < 1.96$

6. 全ての辺に $\dfrac{\sigma}{\sqrt{n}}$ を掛けて分母を払う：$-1.96\dfrac{\sigma}{\sqrt{n}} < \bar{X} - \mu < 1.96\dfrac{\sigma}{\sqrt{n}}$

7. この式を μ について解く：$\bar{X} - 1.96\dfrac{\sigma}{\sqrt{n}} < \mu < \bar{X} + 1.96\dfrac{\sigma}{\sqrt{n}}$

8. これが，母平均 μ についての 95% 信頼区間となる。

表 2.11 ユキナさんの卒論の例の 95% 信頼区間の計算

1. 自尊感情尺度得点 X が，一般の大学生では，平均 μ，標準偏差 6（分散 36）の正規分布に従っているとする。$X \sim N(\mu, 36)$

2. $\bar{X} = 27$，$n = 100$，$\sigma = 6$ となるので，標準誤差は，$\dfrac{\sigma}{\sqrt{n}} = 6/\sqrt{100} = 0.6$ となる。

3. 95% 信頼区間の下限は，$\bar{X} - 1.96\dfrac{\sigma}{\sqrt{n}} = 27 - 1.96 \times 0.6 = 27 - 1.176 = 25.824$ となる。

4. 95% 信頼区間の上限は，$\bar{X} + 1.96\dfrac{\sigma}{\sqrt{n}} = 27 + 1.96 \times 0.6 = 27 + 1.176 = 28.176$ となる。

が，標本抽出ごとに計算される信頼区間のうち，95％は未知の母数を含む区間になるだろうと解釈されます。

　点推定により単一の値で母数をピッタリ推定するのは困難です。それよりも，区間推定により区間で母数の位置を推測する方が，母数を捕まえやすいといえるかもしれません。

2.3.3　信頼区間の意味

　95％信頼区間は，標本から計算された信頼区間が，母平均 μ を含む区間である確率が .95 であると解釈されます。何度も標本抽出を繰り返し，その都度 95％信頼区間を計算したとすると，それらたくさんの信頼区間のうち，95％は母平均を含む区間になるということです。信頼区間の解釈でよく誤解されるのは，「母平均が標本より求めた信頼区間に含まれる確率は .95 である」というものです。母平均がある標本から計算された信頼区間に含まれる確率というのは，母平均がその区間に含まれていたら 1 で，含まれていなければ 0 です。母平均は未知ですが定数です。定数なのに，母平均が変動する値であるかのような解釈は不適切です。

2.3.4　サンプルサイズと信頼区間の幅

　サンプルサイズ n と信頼区間には，n が大きくなるほど，信頼区間の幅が小さくなるという関係があります。これは，「標本平均の実現値 ±1.96× 標準誤差」で母平均の 95％信頼区間が計算されること，また，標準誤差の値は n が大きいほど小さくなることからわかります。

　95％信頼区間の他にも，90％信頼区間，99％信頼区間などが利用されることもあります。それらの式を以下に整理してみました。

母平均の 90％信頼区間：$\left[\bar{X} - 1.645\dfrac{\sigma}{\sqrt{n}}, \quad \bar{X} + 1.645\dfrac{\sigma}{\sqrt{n}} \right]$

母平均の 95％信頼区間：$\left[\bar{X} - 1.96\dfrac{\sigma}{\sqrt{n}}, \quad \bar{X} + 1.96\dfrac{\sigma}{\sqrt{n}} \right]$

コラム 2.2　クリシンしてみよう

問：表 2.12 は，PISA 調査（OECD 生徒の学習到達度調査）における，数学的リテラシーの得点の変化を示したものです。初回実施の 2000 年から全体での日本の順位が徐々に下がっている（1 位 → 6 位 → 10 位 → 9 位）様子が，表 2.12 から読みとれます。この結果から，「日本の学力は低下している」といってよいでしょうか。

表 2.12　PISA の数学的リテラシー得点の変化（瀬沼，2011）

	調査年	2000 年		2003 年		2006 年		2009 年	
	参加国／地域数	31 か国／地域	得点	40 か国／地域	得点	57 か国／地域	得点	65 か国／地域	得点
得点上位	1 番目	日本	557	香港	550	台湾	549	上海	600
	2 番目	韓国	547	フィンランド	544	フィンランド	548	シンガポール	562
	3 番目	ニュージーランド	537	韓国	542	香港	547	香港	555
	4 番目	フィンランド	536	オランダ	538	韓国	547	韓国	546
	5 番目	オーストラリア	533	リヒテンシュタイン	536	オランダ	531	台湾	543
	6 番目	カナダ	533	日本	534	スイス	530	フィンランド	541
G8（主要8か国）	日本	1〜 3 位	557	3〜10 位	534	6〜13 位	523	8〜12 位	529
	アメリカ	16〜23 位	493	25〜28 位	483	32〜36 位	474	26〜36 位	487
	イギリス	6〜10 位	529	—	—	22〜27 位	495	23〜31 位	492
	フランス	10〜15 位	517	14〜18 位	511	21〜28 位	496	19〜28 位	497
	ドイツ	20〜22 位	490	17〜21 位	503	16〜23 位	504	13〜17 位	513
	イタリア	26〜28 位	457	29〜31 位	466	37〜39 位	462	32〜36 位	483
	カナダ	5〜 8 位	533	5〜 9 位	532	5〜10 位	527	9〜12 位	527
	ロシア	21〜25 位	478	29〜31 位	468	32〜36 位	476	38〜39 位	468
他	シンガポール	非参加	—	非参加	—	非参加	—	参加	562
	上海								600

注 1：G8 の順位は，統計的な誤差を考慮し順位の幅で示している。
注 2：「—」は比較するデータがないことを示す。

答：確かに順位はだんだん下がっているのですが，それは参加国が増えたことが原因でしょう。実際，参加の国と地域数は，31 → 40 → 57 → 65 と実施回を経るごとに増えています。成績上位のシンガポール，フィンランドはともに人口が約 500 万人の小さな国です。瀬沼（2011）によると，人口が 5,000 万人を超える大国において，日本ほど成績のよい国は韓国以外にないそうです。さらに，PISA2009 から参加した上海は国ではなく一都市です。また，PISA は標本調査であり，その得点は標本誤差を含むものです。表 2.12 の G8（主要 8 カ国）の欄には，標本誤差を考慮して順位が幅を持たせて（例えば，2003 年の日本の順位は「3〜10 位」のように）表記されています。2003 年の日本の順位は 6 位と報告されていますが，標本誤差を考慮すると，3 位の可能性も，10 位の可能性もあるということです。

　また，PISA の数学的リテラシー得点だけから，「日本の学力は低下している」というふうに，学力全般について論じるのは問題があります。PISA の数学的リテラシーで測定されるのは，学力の一部にすぎません。

$$母平均の 99\% 信頼区間 : \left[\bar{X} - 2.57 \frac{\sigma}{\sqrt{n}}, \quad \bar{X} + 2.57 \frac{\sigma}{\sqrt{n}} \right]$$

90％→ 95％→ 99％となるに従って，標準誤差にかかる係数が，1.645 → 1.96 → 2.57 と大きくなっています。つまり，サンプルサイズが等しければ，90％信頼区間よりも 95％信頼区間の方が，さらに，95％信頼区間よりも 99％信頼区間の方が区間の幅が長くなることがわかります。

2.4 統計的仮説検定

2.4.1 統計的仮説検定の手順

次に，統計的仮説検定（仮説検定，検定とも呼ばれます）の手順を述べます。ここでは「1 つの平均値に関する検定」を紹介します。

ユキナさんの卒論データは，$n = 100$ 人の大学生について，自尊感情尺度得点の平均が 27 点というものでした。大学生の自尊感情尺度得点の母集団分布に，平均 25 点，標準偏差 6 点の正規分布を仮定したとします（すなわち，母集団分布：$X \sim N(25, 6^2)$）。「27 点という標本平均の実現値は，この母集団からの無作為標本にしては高すぎるのではないか？」と疑問を持ったとします。この疑問が正しいかどうか，統計的仮説検定によって確かめてみましょう。統計的仮説検定の手順は表 2.13 のようになります。これを順番に見ていきましょう。基礎用語をまとめた表 2.14，1 つの平均値の検定の具体的手順を示した表 2.15 も合わせて参照して下さい。

1. 帰無仮説と対立仮説を設定する

最初に帰無仮説を設定します。ユキナさんの卒論の例では，「自尊感情尺度得点データは，母集団分布 $X \sim N(25, 6^2)$ からの無作為標本である」になります。自尊感情尺度得点の母平均を μ とすると，この仮説は「$\mu = 25$」とも書けます。**帰無仮説は本来主張したいことと反対の内容**になります。本来主張したい仮説を**対立仮説**といいます。この例では，本来主張したいのは，「自尊感情尺度得点データは，母集団分布 $X \sim N(25, 6^2)$ からの無作為標本

表2.13 **統計的仮説検定の手順**

1. 帰無仮説と対立仮説を設定する。
2. 検定に応じた検定統計量を選択する。
3. 有意水準を定める。
4. データ（標本）から検定統計量の実現値を求める。
5. 帰無仮説を棄却するかどうかを判断する。

表2.14 **統計的仮説検定の基礎用語**

- **帰無仮説**（null hypothesis）
「差がない」「効果がない」といった，研究者が本来主張したいことと反対の仮説。棄却されること（捨てられること）が期待されている仮説。
- **対立仮説**（alternative hypothesis）
帰無仮説が棄却されたときに採択される仮説。帰無仮説とは反対に，「差がある」「効果がある」という仮説。本来主張したいのはこちら。
- **検定統計量**
検定のために用いられる標本統計量のこと。標本によって値が変動する確率変数である。代表的な検定統計量には，Z, t, F, χ^2 などがある。
- **有意水準**
帰無仮説を棄却するかどうかの判断基準となる確率のこと。標本から計算した検定統計量の実現値が，帰無仮説のもとでどのくらい得られにくいものであるかを確率で示す。有意水準には5％や1％がよく用いられる。有意水準5％を $\alpha = .05$ のように表す。有意水準は，危険率，あるいは，第1種の誤りの確率とも呼ばれる。
- **帰無分布**
帰無仮説のもとでの検定統計量の標本分布。
- **検定統計量の実現値**
実験・調査等で手に入れた標本から計算した検定統計量の具体的な値。検定統計量それ自体は標本ごとに異なる値をとる確率変数。検定統計量の実現値は，ある具体的な標本から計算することで求められる固定した値。
- **棄却域**
帰無分布における検定統計量の値の範囲で，この範囲に検定統計量の実現値が入ったら，帰無仮説が棄却されることになる範囲を指す。有意水準5％の場合は，帰無分布の端の裾野の部分に，分布全体の5％（確率.05）となる領域を設定する。この領域に対応する検定統計量の値の範囲を棄却域と定める。
- ***p* 値**（有意確率）
帰無仮説のもとで，検定統計量の実現値（の絶対値）以上の極端な値の出現確率。
- **両側検定**
例えば，有意水準が5％のときに，帰無分布の両裾に合わせて5％となる領域を設定する。そのようにして棄却域を設定する場合，両側検定と呼ぶ。両側検定では，対立仮説は，「$\mu \neq 25$」のようになる。
- **片側検定**
例えば，有意水準が5％のときに，帰無分布の片方の裾に5％となる領域を設定する。そのようにして棄却域を設定する場合，片側検定と呼ぶ。片側検定では，対立仮説は，「$\mu > 25$（あるいは $\mu < 25$）」のようになる。

ではない（$\mu \neq 25$）」ということです。帰無仮説と対立仮説を整理すると，表 2.15 の 1 のようになります。

　帰無仮説を H_0，対立仮説を H_1 と表記します。ここでは，対立仮説を H_1：$\mu \neq 25$ としました。これは $\mu > 25$ と $\mu < 25$ のどちらも含みます。$\mu = 25$ でなければ，大小関係は気にしないということです。このように対立仮説を設定した場合，両側検定と呼ばれる検定になります。一方，対立仮説を H_1：$\mu > 25$ や H_1：$\mu < 25$ のように設定した場合，片側検定と呼ばれる検定になります。

2.　検定に応じた検定統計量を選択する

　ここで取り上げるのは「1 つの平均値の検定」というものです。この検定では，標準正規分布に従う検定統計量 Z を用います。2.2.4 項で学んだように，母集団分布に正規分布を仮定すると，標本平均の標本分布もまた正規分布となります。この標本分布を標準化します。標準化してみると，表 2.15 の 2 のようになります。ユキナさんの卒論の例では，この Z を検定統計量として設定します。この検定統計量は，帰無仮説のもとで標準正規分布に従います。帰無仮説のもとでの検定統計量の標本分布のことを，**帰無分布**と呼びます。統計的仮説検定では，帰無分布を用いて，帰無仮説の棄却・採択を判断していくことになります。

3.　有意水準を定める

　帰無仮説が正しいという仮定のもとで，検定統計量を手元のデータ（標本）から計算した値（これを検定統計量の実現値といいます）が，どれくらい珍しい値かを考えます。このとき，珍しいかどうかを判断する際の基準となるのが有意水準です。珍しいことかどうか判断する際の基準となる確率のことで，5％や 1％という値がよく利用されます。有意水準は α （アルファ）というギリシャ文字で表され，有意水準が 5％であることを $\alpha = .05$ と表します。帰無仮説が正しいという仮定のもとで，検定統計量の実現値以上の極端な値が出現する確率が 5％以下だったとき，それはとても珍しいことだと判断するのです。この例でも有意水準を 5％とします。

表2.15 1つの平均値の検定の具体的手順

1. 帰無仮説と対立仮説を設定する。
   帰無仮説 H_0：$\mu = 25$（自尊感情尺度得点の母平均は 25 に等しい）
   対立仮説 H_1：$\mu \neq 25$（自尊感情尺度得点の母平均は 25 に等しくない）
2. 検定に応じた検定統計量を選択する。

   検定統計量：$Z = \dfrac{\bar{X} - \mu}{\sqrt{\sigma^2/n}} = \dfrac{\bar{X} - 25}{\sqrt{\sigma^2/n}}$

   この検定統計量は，帰無仮説 H_0：$\mu = 25$ のもとで，標準正規分布に従う。帰無分布は標準正規分布になる。
3. 有意水準を定める。
   有意水準を 5%（$a = .05$）とする。両側検定とする。
4. データ（標本）から検定統計量の実現値を求める。

   $Z = \dfrac{\bar{X} - \mu}{\sqrt{\sigma^2/n}} = \dfrac{27 - 25}{\sqrt{6^2/100}} = \dfrac{2}{6/10} = \dfrac{20}{6} = 3.33$

   検定統計量の実現値は，$Z = 3.33$ となる。
5. 帰無仮説を棄却するかどうかを判断する。
   標準正規分布を帰無分布とするとき，分布の両裾 5% に対応する Z の値を求める。分布の裾の左右それぞれ 2.5% ずつを割り振ることにする。標準正規分布表より，$P(Z > 1.96) = 0.025$ と求められるので，$Z > 1.96$ と $Z < -1.96$ の範囲が棄却域となる。検定統計量の実現値は $Z = 3.33$ なので，$Z > 1.96$ の範囲に入る。よって，帰無仮説は棄却される。

コラム 2.3　クリシンしてみよう

問：「A中学校（中学 3 年生 150 人）で，修学旅行の行き先について希望を調べたいのですが，最適なサンプルサイズはいくらでしょうか？」。さて，何と答えたらよいでしょうか？　考えてみて下さい（この問題は，飯田（2007）を改変したものです）。

答：150 人。標本調査を勉強すると，それがベストの方法のような錯覚を起こすことがあります。もし，母集団全部を調べ尽くすことができるのであれば（全数調査が可能なら），そちらの方がよいのです。この問題も，母集団全部が 150 人程度なら，標本調査をするまでもなく，中学 3 年生全員に，修学旅行に行きたいところを尋ねればよいのです。

4. データ（標本）から検定統計量の実現値を求める

　1から3までを決めたら，手に入れた標本から検定統計量の値を計算します（表2.15の4を参照）。検定統計量の実現値は，$Z = 3.33$ と求められました。

5. 帰無仮説を棄却するかどうかを判断する

　4で求めた検定統計量の実現値 $Z = 3.33$ が，どのくらい珍しい値なのかを明らかにする必要があります。$Z = 3.33$ が，帰無仮説のもとで5%以下の確率でしか生じないような値だったとき，「珍しいことがたまたま起こった」と考えるよりは，「珍しいことがそんなに簡単に起こると思うのは都合がよすぎる」と考える方が合理的な判断といえます。そこで，こういう結果になったのは，最初の「$\mu = 25$」という帰無仮説が間違っていたからだと判断するのです。帰無仮説が間違っているとき，これを棄却します。帰無仮説を棄却するような結果が得られたとき，「5%水準で有意である」といいます（表2.16も参照して下さい）。検定統計量の実現値が，帰無仮説のもとで有意水準 α 以下の確率でしか生じない値かどうかを知るためには，帰無分布を利用して棄却域を求める必要があります。棄却域というのは，帰無分布における検定統計量の値の範囲で，この範囲に検定統計量の実現値が入ったら，帰無仮説を棄却します。有意水準5%の場合は，帰無分布の端の裾野の部分に，分布全体の5%となる領域を設定します。この領域に対応する検定統計量の値の範囲を棄却域と定めます。標準正規分布を帰無分布とするとき，$Z > 1.96$ と $Z < -1.96$ の範囲が棄却域になります（表2.15の5および図2.10）。4で求めた検定統計量の実現値は $Z = 3.33$ でした。この値は棄却域に入るため帰無仮説は棄却されます。ここでは両側検定として検定を行いました（両側検定と片側検定による棄却域の違いについては図2.10と図2.11を参照して下さい）。

2.4.2 帰無仮説が正しい確率？

　統計的仮説検定とは，帰無仮説のもとでのデータの出現確率をもとに，データが仮説に整合的かどうかを判断するものです。データが帰無仮説と整合

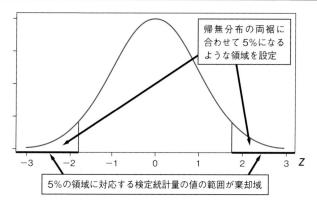

図2.10　両側検定の棄却域

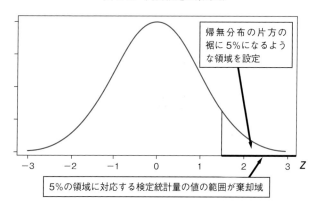

図2.11　片側検定の棄却域

両側検定では対立仮説を $H_1 : \mu \neq 25$ と設定しました（表2.15）。片側検定では，対立仮説を $H_1 : \mu > 25$ のように設定します。

表2.16　統計的仮説検定の結果の報告の仕方

・帰無仮説が棄却されたとき（有意水準を5%としたとき） 「有意な結果が得られた」「検定結果は，5%水準で有意であった」「有意差が見られた（平均値を比較する検定の場合）」「有意な相関があった（相関係数の検定を行った場合）」「$p < .05$」 ・帰無仮説が棄却されなかった場合 「有意な結果は得られなかった」「検定結果は，5%水準で有意ではなかった」「有意差は見られなかった」「有意な相関はなかった」「n.s.（not significant）」

的でないという結果になったときに，最初に仮定した帰無仮説が間違っていると判断し，棄却します。帰無仮説を棄却することで，本来主張したいこと，ユキナさんの卒論の例では「A大学の大学生100人の自尊感情尺度得点の平均は，一般的な大学生の自尊感情尺度得点の平均よりも有意に高い」という判断ができるというわけです。なお，検定結果の解釈において注意しておくべきことがあります。「5%水準で有意である」の意味を「帰無仮説（最初の前提）が正しい確率が5%以下である」と誤って解釈されることがよくあります。統計的仮説検定は，帰無仮説の正しい確率や間違っている確率を議論するものではありません。あくまで帰無仮説が正しいと信じたときに，データが得られる確率（標本から計算された検定統計量の実現値以上の極端な値が得られる確率）を考えるのです。このことに注意して下さい。

参 考 図 書

南風原 朝和・平井 洋子・杉澤 武俊（2009）．心理統計学ワークブック——理解の確認と深化のために—— 有斐閣

　第1章で紹介した南風原（2002）に準じた問題集です。解説が非常に詳しく自習用に向いています。推測統計の考え方を深めるのに役に立つ本です。

山田 剛史・杉澤 武俊・村井 潤一郎（2008）．Rによるやさしい統計学 オーム社

　実際にデータ分析をする際は，通常ソフトウェアを用います。この本はRという統計ソフトウェアに関する本ですが，第4章では標本分布についてコンピュータシミュレーションを用いて解説しています。抽象的でわかりにくい標本分布を直感的に理解するのに役立ちます。

キーワード

推測統計，母集団，標本，サンプルサイズ，母数，標本統計量，標本統計量の実現値，確率変数，確率分布，母集団分布，標本分布，標準誤差，正規分布，標準化，標準正規分布，標準正規分布表，偏差値，標準誤差，点推定，区間推定，標本誤差，信頼区間，統計的仮説検定，帰無仮説，対立仮説，検定統計量，有意水準，帰無分布，棄却域，有意

第 3 章

統計的仮説検定
── 2つの変数の分析

　本章で取り上げるのは，前章で紹介した統計的仮説検定のうち，特に心理学研究で多用される，2群の平均値差の検定と独立性の検定，そして相関係数の検定です。これらの検定の共通点としては，2つの変数（1つの独立変数，1つの従属変数）についての検定というところがあります。2群の平均値差の検定については，データの対応のある・なしによって用いる検定が異なるので，それぞれについて紹介します。さらに，検定における2種類の誤りと検定力，検定の問題点について述べ，最後に，ベイズ推測について解説します。

3.1　2変数データについての統計的仮説検定

　南風原（2011）は，量的研究で用いられる統計的方法を，独立変数と従属変数のタイプにより整理しています。表3.1は，「独立変数が1つ，従属変数も1つ」の場合に適用できる統計的方法を，南風原（2011）の分類を参考に作成したものです。太字で示した3つの検定（2群の平均値差の検定，カイ2乗検定，相関係数の検定）は，本章で取り上げる検定です。本章では，実際の心理学研究で行われた検定の結果を引用しながら，それぞれの検定について解説していきます。なお，表3.1に書かれている統計的方法のうち，1要因分散分析については第4章で，回帰分析とロジスティック回帰分析については第6章でそれぞれ取り上げます。西内（2013）は，表3.1の統計的方法を全て**一般化線形モデル**（generalized linear model）という枠組みで統一的にとらえられると説明しています（なお，西内（2013）は，統計を学ぶことが様々な学問分野やビジネスの社会においても有用であることをわかりやすく伝えてくれる良書です）。

3.2　独立な2群の t 検定

　独立変数が質的，従属変数が量的な場合の検定として，2群の平均値差の検定があります。本節では「独立な2群の t 検定」を，次節では「対応のある t 検定」を紹介します。

　表3.2は，浅川・杉村（2011）から引用したものです。浅川・杉村（2011）は，表3.2で示した様々な課題について，年中児と年長児でそれぞれの課題の平均値に差があるかを確かめるために，「各課題における年齢の違いを検討するために，対応のない t 検定を行った。その結果，語い，手指の巧緻性，リズム運動，25m走，ボール投げ，立ち幅跳びでは年齢群の成績差が有意であり，いずれも年長児の方が成績が高かった」と述べています。対応のない t 検定と独立な2群の t 検定とは同じ検定を意味しています。

表 3.1 **独立変数と従属変数のタイプによる統計的方法の分類**
（南風原，2011 を参考に作成）

		1 つの従属変数	
		量的	質的
1 つの独立変数	質的	2 群の平均値差の検定 1 要因分散分析	カイ 2 乗検定 クロス集計表，連関係数
	量的	相関係数の検定 散布図，相関係数 回帰分析	ロジスティック回帰分析

表 3.2 **課題成績の平均と標準偏差**（浅川・杉村，2011）

課題	全体		年中児		年長児		t 値
	平均	標準偏差	平均	標準偏差	平均	標準偏差	
足し算	5.63	4.55	4.58	4.51	6.63	4.42	1.89
語い	20.26	9.21	16.70	7.12	23.63	9.77	3.33**
手指の巧緻性	19.49	4.29	17.39	3.53	21.46	4.03	4.41**
リズム運動	9.91	6.25	7.33	6.25	12.34	5.25	3.59**
25m 走（cs）	7.15	0.79	7.57	0.69	6.76	0.68	4.88**
ボール投げ（m）	4.52	2.13	3.76	1.64	5.26	2.31	3.07**
捕球（回）	3.93	2.99	3.48	2.91	4.34	3.05	1.19
閉バランス（cs）	8.41	5.03	7.28	5.05	9.48	4.84	1.83
立ち幅跳び（cm）	87.06	18.69	79.09	14.66	94.57	19.15	3.73**
体支持持続（cs）	36.26	35.65	29.53	20.59	42.61	44.94	1.56

注：（ ）内は測定単位。$^*p<.05$，$^{**}p<.01$

表 3.3 **統計的仮説検定の手順**

1. 帰無仮説と対立仮説を設定する。
2. 検定に応じた検定統計量を選択する。
3. 有意水準を定める。
4. データ（標本）から検定統計量の実現値を求める。
5. 帰無仮説を棄却するかどうかを判断する。

　表3.2のように，2群のそれぞれについて，平均，標準偏差，サンプルサイズが示されていれば，**独立な2群のt検定（対応のないt検定）**を行うことができます。浅川・杉村（2011）を読むと，サンプルサイズは年中児が33名，年長児が35名と書かれています。**表3.3**の統計的仮説検定の手順に従って，年中児と年長児の「語い」課題の平均値に統計的に有意な差があるかを確認してみましょう。

　具体的な手順を**表3.4**に記しました。まず，帰無仮説と対立仮説を**表3.4**の手順1のように立てます。次は検定統計量の選択です。ここでの検定で用いる検定統計量はtで，その式は**表3.4**の手順2に示されたものになります。この検定統計量tは，帰無仮説のもとで自由度n_1+n_2-2のt分布に従います。**t分布**は，**図3.1**のような左右対称の山型の確率分布です。**自由度**と呼ばれる値によって，t分布はその形状が変化します。手順3では，検定の有意水準を決めます。今回は5％としましょう。手順1の対立仮説より，両側検定となります。手順3までを行ったら，標本から検定統計量の実現値を計算します。検定統計量を計算するために必要な情報（それぞれの群の平均，標準偏差，サンプルサイズ）はわかっています。**表3.2**に示されている標準偏差は，不偏分散（**表3.4**の手順4を参照）の正の平方根として求められたものです。**表3.4**の手順4に記したように，検定統計量の実現値は$t=3.33$と求められました。最後は帰無仮説を棄却するかどうかの判断になり，棄却域を求めます。検定統計量tは，帰無仮説のもとで，自由度n_1+n_2-2のt分布に従うので，自由度$35+33-2=66$のt分布を利用して棄却域を求めることができます。巻末の**付表2**にあるt分布表を見ると，自由度$df=60$と自由度$df=120$の行がありますが，自由度$df=66$はありません。両側検定の有意水準0.05の列の値を読みとると，$df=60$のとき，$t=2.000$，$df=120$のとき，$t=1.980$となるので，$df=66$のときの棄却の臨界値の値は$1.980<t<2.000$のどこかの値となります。そこで厳し目に考えて，$t=2.000$を採用することにして棄却域は$t>2.000$と$t<-2.000$とします。手順4で求めた，検定統計量の実現値は$t=3.33$でしたので，$t>2.000$の範囲に入ります（な

表 3.4 「独立な 2 群の t 検定」の手順

1. 帰無仮説と対立仮説を設定する。
   帰無仮説 H_0：$\mu_1 = \mu_2$（年中児と年長児で、「語い」の母平均に差がない）
   対立仮説 H_1：$\mu_1 \neq \mu_2$（年中児と年長児で、「語い」の母平均に差がある）
2. 検定に応じた検定統計量を選択する。
   この検定で用いる検定統計量は、次式の t となる。

$$\text{検定統計量}：t = \frac{\text{群1の平均}-\text{群2の平均}}{\sqrt{\text{2群をプールした分散}\times\left(\dfrac{1}{n_1}+\dfrac{1}{n_2}\right)}}$$

$$\text{2群をプールした分散}=\frac{(n_1-1)\times\text{群1の不偏分散}+(n_2-1)\times\text{群2の不偏分散}}{n_1+n_2-2}$$

   ここで n_1 と n_2 は、群 1 と群 2 のサンプルサイズである。この検定統計量 t は、帰無仮説のもとで、自由度 n_1+n_2-2 の t 分布に従う。
3. 有意水準を定める。
   有意水準を 5%（$\alpha=0.05$）とする。両側検定とする。
4. データ（標本）から検定統計量の実現値を求める。

$$\text{不偏分散}=\frac{(\text{データの値}-\text{平均})^2\text{の合計}}{n-1}$$

$$t=\frac{23.63-16.70}{\sqrt{\text{2群をプールした分散}\times\left(\dfrac{1}{35}+\dfrac{1}{33}\right)}}$$

$$\text{2群をプールした分散}=\frac{(35-1)\times 9.77^2+(33-1)\times 7.12^2}{35+33-2}=73.75$$

$$t=\frac{23.63-16.70}{\sqrt{73.75\times\left(\dfrac{1}{35}+\dfrac{1}{33}\right)}}=\frac{6.93}{2.08}=3.33$$

   検定統計量の実現値は、$t=3.33$ となる。
5. 帰無仮説を棄却するかどうかを判断する。
   検定統計量 t は、帰無仮説のもとで、自由度 n_1+n_2-2 の t 分布に従うので、自由度 35+33−2=66 の t 分布を利用して棄却域を求めることができる。付表 2 では自由度 $df=66$ に対応する t の値が書かれていないが、棄却域は $t>1.997$ と $t<-1.997$ となる。
   検定統計量の実現値は $t=3.33$ なので、$t>1.997$ の範囲に入る。よって、帰無仮説は棄却される。

お，$df=66$ の t 分布で正確な棄却域を求めると，$t>1.997$，$t<-1.997$ となります）。よって，帰無仮説は棄却されます。「語い」課題の得点について，年中児と年長児で5%水準で有意な差が見られたということになります。この2群（年中児の群と年長児の群）の「語い」課題得点の母平均に差があることが示唆される結果が得られたということです。

3.3　対応のある t 検定

　表3.5は，道田（2011）から引用したものですが，この研究は，自身の大学の授業（半期15回の教育心理学の講義）における実践研究です。この研究は，授業の中で様々な形で質問に触れる経験をすることが，質問に対する態度や質問を考える力に効果を及ぼすかを検討することを目的として実施されました。授業の初回と最後に事前テストと事後テストを実施し，質問態度と質問量についての測定を行っています。その結果が表3.5に整理されています（紙面の都合上，質問量については省略しました）。

　2007年度，2008年度それぞれについて事前テストと事後テストの結果が示されています。受講生は，授業の初回に事前テストを，学期の最後に事後テストを受けています。それぞれの受講生について，2回の繰返し測定が行われています。このようなデータを**対応のあるデータ**といいます。対応のあるデータについて平均値を比較する場合は，**対応のある t 検定**を適用します。表3.5の中から，質問態度に関する1つ目の項目「文章を読んだり話を聞くとき，よく疑問を感じる」に注目してみましょう。2007年度の結果を用いて，事前テストと事後テストで平均値に有意な差があるかを確認することにします。先の表3.3に示した統計的仮説検定の手順に従って，対応のある t 検定を実行してみましょう。

　具体的な手順を表3.6に記しました。帰無仮説と対立仮説を表3.6の手順1のように立てます。ここで注意するべきことがあります。対応のある t 検定は，2つの平均値の比較のための検定ですが，実質的には，

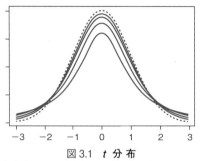

図 3.1　t 分 布

山の高さが低い順に，自由度 1，2，4，8 となり，比較のために標準正規分布を破線で表しています。

t 分布は確率分布で，統計学でよく利用される標準的な分布の一つです。t 分布は，左右対称で山型の分布で，正規分布と形状がよく似ています。また，自由度と呼ばれる値によって，その形状が変わります。この図では，自由度 1，2，4，8 の t 分布が描かれています。自由度の値が大きくなるほど，山の中心の高さが高く，山の両裾部分の高さは低くなり，標準正規分布に近づいていきます。

表 3.5　**事前テストと事後テストの比較**（道田，2011 より一部改変）

	項目内容	2007 年度			2008 年度		
		事前テスト	事後テスト		事前テスト	事後テスト	
		平均 (SD)	平均 (SD)	t 値 (df=85)	平均 (SD)	平均 (SD)	t 値 (df=70)
	1. 文章を読んだり話を聞くとき，よく疑問を感じる	3.72 (0.82)	4.34 (0.88)	6.20**	3.49 (0.75)	4.17 (0.77)	5.63**
	2. 疑問を感じたら，それを言葉で表現することができる	3.34 (0.97)	3.80 (0.93)	3.87**	3.44 (1.02)	3.87 (0.97)	3.60**
質問態度	3. わからないことがあると，質問したくなる	3.90 (0.89)	4.44 (0.82)	4.43**	4.07 (1.10)	4.41 (1.08)	2.57*
	4. 質問することで，自分の理解を深めることができると思う	4.71 (0.84)	5.21 (0.78)	4.62**	4.80 (0.94)	5.18 (0.80)	3.33**
	5. 適切な人に質問をすれば，満足な答が得られると思う	4.17 (1.04)	4.98 (0.89)	7.41**	4.44 (1.18)	4.82 (0.96)	2.44*
	6. 質問をするのは，わかっていないのを示すようで恥ずかしい	3.12 (1.12)	2.61 (1.05)	3.73**	2.96 (0.89)	2.77 (1.02)	1.42

*p<.05,　**p<.01

　　変化量 = 事後の得点 − 事前の得点

として求められる**変化量**という 1 つの平均値についての検定となるのです。
そこで，帰無仮説と対立仮説も「変化量の母平均」について立てることにな
ります。次は検定統計量の選択です。この検定で用いる検定統計量は t で，
帰無仮説のもとで，自由度 $n-1$ の t 分布に従います。表 3.5 の 2007 年度の
ところを見ると，t 値の下に（$df=85$）と書かれています。これが**自由度**で
す。df とは，自由度の英語 degrees of freedom の頭文字をとったものです。
自由度が 85 とあるので，サンプルサイズは $n-1=85$ より，$n=86$ であるこ
とがわかります。実際に，論文中にも「2007 年度は 86 名を対象とした」と
書かれていました。

　　検定の有意水準を 5% としましょう。手順 1 の対立仮説より，両側検定と
なります。手順 1 から 3 が決まったら，標本から検定統計量の値を計算しま
す。表 3.5 の情報を用いて検定統計量の実現値を計算したいのですが，実は
表 3.5 の情報だけでは計算することはできません。検定統計量を求めるには，
変化量の不偏分散の値が必要です。ところが，事前テスト，事後テストそれ
ぞれの平均と分散（標準偏差）だけでは，変化量の不偏分散を求めることは
できないのです。変化量の不偏分散は，**表 3.6** の手順 4 に書かれた式で求め
られます。事前と事後の不偏共分散の値が**表 3.5** では与えられていないため，
変化量の不偏分散を求めることができません。そこで，事前と事後の不偏共
分散の値が 0.29 と求められているとします（ここでは，不偏共分散の値は，
表 3.5 の t 値と，事前・事後テストの平均，標準偏差の値から求めました）。
すると，変化量の不偏分散は 0.86 と求まりました。このように，変化量の
不偏分散（0.86）は，事前と事後の不偏分散の和（$0.82^2+0.88^2=1.45$）より
も小さくなります。事前テストと事後テストの関連の強さ（共分散で求めら
れる）の分だけ，変化量のばらつきの大きさを小さくできるのです。変化量
の不偏分散が求められたので，検定統計量が計算できます。検定統計量の実
現値は，$t=6.20$ と求められました。帰無仮説を棄却するかどうかの判断の

表3.6 「対応のある 2 群の t 検定」の手順

---

1. 帰無仮説と対立仮説を設定する。

帰無仮説　$H_0 : \mu_{変化量} = 0$（変化量の母平均は 0 である）

対立仮説　$H_1 : \mu_{変化量} \neq 0$（変化量の母平均は 0 ではない）

2. 検定に応じた検定統計量を選択する。

この検定で用いる検定統計量は，次式の t となる。

検定統計量：$t = \dfrac{変化量の平均}{\sqrt{変化量の不偏分散 / n}}$

ここで n はサンプルサイズ。

この検定統計量 t は，帰無仮説 $H_0 : \mu = 0$ のもとで，自由度 $n-1$ の t 分布に従う。

3. 有意水準を定める。

有意水準を 5%（$\alpha = 0.05$）とする。両側検定とする。

4. データ（標本）から検定統計量の実現値を求める。

変化量の（不偏）分散＝事前の（不偏）分散＋事後の（不偏）分散－2×事前と事後の（不偏）共分散

事前と事後の不偏共分散の値が 0.29 と求められているとする。

変化量の不偏分散＝$0.82^2 + 0.88^2 - 2 \times 0.29 = 0.86$

変化量の平均＝事後の平均－事前の平均

$$t = \frac{4.34 - 3.72}{\sqrt{0.86 / 86}} = \frac{0.62}{\sqrt{0.01}} = \frac{0.62}{0.10} = 6.20$$

検定統計量の実現値は，$t = 6.20$ となる。

5. 帰無仮説を棄却するかどうかを判断する。

検定統計量 t は，帰無仮説のもとで自由度 $n-1$ の t 分布に従うので，自由度 $86-1 = 85$ の t 分布を利用して棄却域を求めることができる。付表 2 では $df = 85$ の t 値が示されていないが，正確な棄却域は $t > 1.988$ と $t < -1.988$ となる。

検定統計量の実現値は $t = 6.20$ なので，$t > 1.988$ の範囲に入る。よって，帰無仮説は棄却される。

コラム 3.1　　背理法と検定

問：「統計的仮説検定の手順を学んでいく中で，高校で学んだ数学の背理法に似ているなあと思ったのですが，関係があるのでしょうか？」

答：確かに，検定の考え方は，背理法に似ていますね。**背理法**では「Aでない」ということを完全に否定することで，Aであることを証明します。ところが，検定の場合，背理法と大きく異なるところがあります。検定の手順では，①帰無仮説を設定する，②帰無仮説のもとでは，手に入れたデータが得られる確率はとても低いことを示す，③そんなに低い確率でしか得られないデータがたまたま手に入ると考えるのは都合がよすぎると考える，④そこで前提である帰無仮説が間違っていると判断する，わけですが，③が背理法と大きく違っているところです。あくまで確率が低い，すなわち起こりにくいことが起こったというだけで，背理法で「Aではない」ことを完全に否定するほど強くはないのです。つまり，「本当に帰無仮説は正しくて，たまたま運よく珍しいデータが手に入ってしまった」可能性は低いけれどもある。この不完全さが検定の特徴といえます。このような状況（本当に帰無仮説が正しいのに，すごく低い確率でしか得られないはずのデータが手に入ってしまった状況）にもかかわらず，帰無仮説を棄却してしまったとしたら，それは間違った判断を下したことになります。この誤り（正しい帰無仮説を棄却してしまう誤り）を「**第1種の誤り**」といいます。

コラム 3.2　　統計的仮説検定に替わるもの

　第2章および本章では，心理統計の初学者が学んでおくべき，基本的な統計的推測の考え方を紹介しています。これはまた，20世紀以降，統計学の主流として確立されてきた伝統的なアプローチでもあります。

　その一方で，特に統計的仮説検定については様々な批判がなされてきました。コーエン（Cohen, 1994）は，検定は，そのロジックが論理的な厳密さを欠くこと（コラム3.1）や，その結果（p値）が仮説の真偽に関する直接的な情報をもたらさないこと（2.4.2項）を指摘しています。大久保・岡田（2012）は，研究者が「有意差＝実質的に意味のある差」であると混同しがちなことや，有意か否かの極端な二分法に基づいてしか結果を見ない（効果の大きさの軽視）といった解釈上の問題や，二分法的判断が助長されることにより「有意でない」研究結果が発表されずに隠されてしまう，研究者の判断でサンプルサイズを増やせばどんな検定でも有意にで

きてしまうといった研究の手続き上の問題を指摘しています。

　こうした問題を放置したまま実践が行われていくことは，適切な研究知見の蓄積という観点から決して望ましいことではありません。現に，心理学研究の結果の再現性に関する大規模調査の結果によれば，対象とした元論文の97％が統計的に有意な結果を報告していたにもかかわらず，再現実験で有意となったものは36％にすぎませんでした（Open Science Collaboration, 2015）。こうした検定の誤用・乱用に対する反省から，近年では統計的仮説検定のみに依拠した結果の解釈は不十分とみなされるようになってきました。p 値に関するアメリカ統計協会の声明（Wasserstein & Lazar, 2016）では，上記のような p 値の誤用を正すとともに，科学的結論や意思決定は p 値のみによるべきではないこと，推測結果の解釈が適切に行えるように，有意だった結果（p 値）のみを選択的に記載するのではなく，全ての分析をどのように行ったのかをきちんと報告すること（分析の透明性の確保）などが原則として示されました。また，アメリカ心理学会の発行する論文執筆マニュアル（American Psychological Association, 2020）では，統計的推測の結果を示す場合には，検定の結果だけでなく実質的な効果の大きさを表す指標として効果量（コラム 3.3）を記載すること，およびあらゆる点推定値についてはその誤差の大きさを示すことや区間推定の結果も記載することを強く推奨しており，こうした取組みが世界標準になりつつあります。

　コーエン（Cohen, 1994）は，統計的仮説検定の代替手法はないとした上で，データの丁寧な記述，効果量およびその信頼区間の報告，測定の信頼性の向上（による誤差の低減）などを通じて研究結果をより適切に解釈・報告することを提案しています。同様に，カミング（Cumming, 2014）も，**研究の公正性**（research integrity）を高めるという観点から，統計的仮説検定あるいは p 値に過度に依存した従来の研究方法の見直しを提案しています。例えば，研究手続きやデータ解析の内容を詳細に記述した上で，適切な効果量および区間推定の結果を報告すること，結果をできるだけ可視化（グラフ化）して示すこと，公表した論文が他者に参照され，再現実験やメタ分析に利用されることを意識した報告をすること，などです。

　データ解析は，型通りに実行するだけの通過儀礼ではありません。大切なのは，研究者がそれぞれの統計的方法を正しく理解し，主体的・自律的に適切な方法を選択し，結果を解釈できるようになることです。

ため，棄却域を求めます。検定統計量 t は，帰無仮説のもとで自由度 $n-1$ の t 分布に従うので，自由度 $86-1=85$ の t 分布を利用して棄却域を求めることができます。棄却域は $t>1.988$ と $t<-1.988$ となります。**付表2**には自由度 $df=85$ に対する t の臨界値は記されていません。**付表2**を利用する場合，自由度 $df=60$ のときの値を利用して，$t>2.000$，$t<-2.000$ と棄却域を設定するとよいでしょう。手順4で求めた，検定統計量の実現値は $t=6.20$ でしたので，$t>1.988$ の範囲に入ります。よって，帰無仮説は棄却されます。2007年度の受講生の「文章を読んだり話を聞くとき，よく疑問を感じる」に対する回答については，事前テストと事後テストで5%水準で有意な差が見られたということになります。

3.4 カイ2乗検定

独立変数が質的，従属変数も質的な場合の検定として，**カイ2乗検定**があります。ここでは，**表3.7**のような**クロス集計表**のデータに適用できる独立性の検定を紹介します。カイ2乗検定は，ここで紹介する**独立性の検定**の他に，**適合度の検定**の目的でも用いることができます（適合度の検定については，山田・村井（2004）などを参照して下さい）。

遠藤・湯川（2012）は，大学生990人を対象に質問紙調査を実施しました。彼らは，基礎的データの検討の一環として，怒りの維持と想起した出来事の時期についての検討を行っています。**表3.7**は，「怒り維持群・怒り非維持群」と「想起した出来事の時期」のクロス集計表です。これらはいずれも質的変数です。独立性の検定は，このような質的変数同士の連関の強さを検討するために適用できる検定です。**カイ2乗分布**（図3.2）という確率分布を用いて行うため，カイ2乗検定と呼ばれます。

遠藤・湯川（2012）は「怒りを感じた出来事に対して，最近も怒りを維持している群と維持していない群に分け，出来事の時期ごとに割合を算出した。χ^2 検定を適用した結果，群間で時期の割合に有意差はなかった（χ^2（3）

表3.7 怒りの維持・非維持と想起した出来事の時期のクロス集計表
（遠藤・湯川，2012より）

	1週間以上 2週間未満	2週間以上 1カ月未満	1カ月以上 3カ月未満	3カ月以上	合計
怒り維持群	227 (23.7)	137 (14.3)	62 (6.5)	85 (8.9)	511 (53.3)
怒り非維持群	218 (22.8)	106 (11.1)	44 (4.6)	79 (8.2)	447 (46.7)
合計	445 (46.5)	243 (25.4)	106 (11.1)	164 (17.1)	958 (100.0)

注：上段は人数，下段（　）内は％を示す。

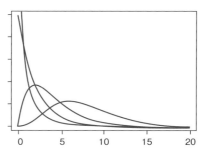

図3.2 カイ2乗分布（ピークが右に寄っていく順に自由度1, 2, 4, 8）

カイ2乗分布も統計学でよく利用される確率分布の一つで，自由度によってその分布の形が決まります。ここには様々な自由度（df=1, 2, 4, 8）のカイ2乗分布を示しました。カイ2乗分布はとり得る値の下限が0であり，負の値をとらないこと，標準正規分布やt分布のように0を中心とした左右対称の分布にはならないことが読みとれます。

$=3.15$, ns）。すなわち，現時点で怒りを維持しているか否かにかかわらず，想起した出来事の時期についての人数比に違いは見られなかった」と述べています。ここでも，これまでと同様に，表3.3の統計的仮説検定の手順に従って，統計的に有意な連関があるかを独立性の検定によって確認してみましょう。

　具体的な手順を表3.8に記しました。帰無仮説と対立仮説を表3.8の手順1のように立てます。次は検定統計量の選択です。この検定で用いる検定統計量はχ^2です。χ^2によって，観測度数と期待度数のズレを評価します。**観測度数**は，表3.7の「怒り維持群」の行の「227, 137, 62, 85」といったクロス集計表における実際の度数のことです。**期待度数**は，帰無仮説 H_0：2つの変数は独立である（怒りの維持・非維持と想起した出来事の時期に母集団では連関はない）のもとで期待される度数のことです。期待度数の求め方を表3.8の手順2に示しました。例えば，怒り維持群・1週間以上2週間未満のセルについて期待度数を求めると，$511 \times 445 / 958 = 237.36$となります。これが怒りの維持・非維持と想起した出来事の時期に連関はないと仮定したときに，怒り維持群・1週間以上2週間未満のセルに期待される度数ということです。実際の観測度数が227ですから，観測度数と期待度数の間にそれほど大きな違いは生じていないことがわかります。検定統計量χ^2は，帰無仮説のもとで，自由度（行の数-1）×（列の数-1）のカイ2乗分布に従います。行の数，列の数というのは，クロス集計表における行と列の数のことです。表3.5では，2×4のクロス集計表が示されているので，この場合，自由度の値は，$(2-1) \times (4-1) = 3$となります。検定の有意水準を5％としましょう。カイ2乗統計量は検定統計量の式からもわかるように負の値をとりません。観測度数と期待度数とのズレが大きいほど，検定統計量の実現値は大きな値となります。カイ2乗検定は常に片側検定となります。

　手順1から3が決まったら，標本から検定統計量の値を計算します。まずは，期待度数を求めます（表3.9）。この期待度数を用いて，表3.8の手順4に示したカイ2乗統計量の式に観測度数と期待度数の値を代入します。する

表3.8 「独立性の検定」の手順

1. 帰無仮説と対立仮説を設定する。
   帰無仮説 H_0：2つの変数は独立である（母集団において，怒りの維持・非維持と想起した出来事の時期に連関はない）
   対立仮説 H_1：2つの変数は独立ではない（母集団において，怒りの維持・非維持と想起した出来事の時期は連関がある）
2. 検定に応じた検定統計量を選択する。
   検定統計量：$\chi^2 = \dfrac{\left(観測度数-期待度数\right)^2}{期待度数}$ の合計

   $$セルの期待度数 = \dfrac{セルの属する行の周辺度数 \times セルの属する列の周辺度数}{総度数}$$

   検定統計量 χ^2 は，帰無仮説のもとで，自由度（行の数-1）×（列の数-1）のカイ2乗分布に従う。表3.7は，2×4のクロス集計表なので，自由度の値は，（2-1）×（4-1）=3 となる。
3. 有意水準を定める。
   有意水準を5%（$a = 0.05$）とする。
4. データ（標本）から検定統計量の実現値を求める

   $$\chi^2 = \frac{(227-237.36)^2}{237.36} + \frac{(137-129.62)^2}{129.62} + \frac{(62-56.54)^2}{56.54} + \frac{(85-87.48)^2}{87.48}$$
   $$+ \frac{(218-207.64)^2}{207.64} + \frac{(106-113.38)^2}{113.38} + \frac{(44-49.46)^2}{49.46} + \frac{(79-76.52)^2}{76.52} = 3.15$$

   検定統計量の実現値は，$\chi^2 = 3.15$ と求められた。
5. 帰無仮説を棄却するかどうかを判断する。
   検定統計量 χ^2 は，自由度（2-1）×（4-1）=3のカイ2乗分布を利用して，棄却域が $\chi^2 > 7.815$ と求められる。検定統計量の実現値は $\chi^2 = 3.15$ なので，$\chi^2 > 7.815$ の範囲に入らない。帰無仮説は棄却されない。

表3.9 クロス集計表から求めた期待度数

	1週間以上 2週間未満	2週間以上 1カ月未満	1カ月以上 3カ月未満	3カ月以上	合計
怒り維持群	$\dfrac{511\times445}{958}$ $=237.36$	$\dfrac{511\times243}{958}$ $=129.62$	$\dfrac{511\times106}{958}$ $=56.54$	$\dfrac{511\times164}{958}$ $=87.48$	511
怒り非維持群	$\dfrac{447\times445}{958}$ $=207.64$	$\dfrac{447\times243}{958}$ $=113.38$	$\dfrac{447\times106}{958}$ $=49.46$	$\dfrac{447\times164}{958}$ $=76.52$	447
合計	445	243	106	164	958

と，検定統計量の実現値は $\chi^2 = 3.15$ と求められます。

　最後に手順5として，帰無仮説を棄却するかどうかを判断するために，棄却域を求めます。検定統計量 χ^2 は，帰無仮説のもとで自由度（行の数−1）×（列の数−1）のカイ2乗分布に従うので，自由度 $(2-1) \times (4-1) = 3$ のカイ2乗分布を利用して棄却域を求めることができます。巻末の**付表3**にあるカイ2乗分布表を利用すると，棄却域が $\chi^2 > 7.815$ と求められます。手順4で求めた検定統計量の実現値は $\chi^2 = 3.15$ でしたので，$\chi^2 > 7.815$ の範囲に入りません。つまり，帰無仮説は棄却されません。「怒り維持群・怒り非維持群」と「想起した出来事の時期」の間には5%水準で有意な連関がないということになります。

3.5　相関係数の検定

　独立変数が量的，従属変数も量的な場合の検定として，**相関係数の検定**があります。東海林・安達・高橋・三船（2012）は，4因子24項目からなる「中学生用コミュニケーション基礎スキル尺度」を開発しました。東海林ら（2012）は，開発した尺度の構成概念妥当性を検討するため，対人不安感尺度，友人のソーシャルサポート尺度，敵意的攻撃インベントリーの「身体的暴力」尺度などの他の指標との関連を見ました。**表3.10** は，それらの指標間の相関係数を整理したものです。**表3.10** の結果から，東海林ら（2012）は「（中学生用コミュニケーション基礎スキル尺度の下位尺度である）意思伝達スキル，動揺対処スキル，他者理解スキル，自己他者モニタリングスキルではほぼ予想した通りの関連がみられ，社会的スキルとして先行研究と同様の特徴を持つことが示された」と結論づけています。

　ここでは，下位尺度の一つである意思伝達スキルと友人のソーシャルサポート尺度について，相関の検定を行ってみることにします。これまで同様，**表3.3** の手順に従って，相関係数の検定を実行します。まず，帰無仮説と対立仮説は**表3.11** の手順1のようになります。このように，母相関係数（母

表 3.10　中学生用コミュニケーション基礎スキル尺度と他の尺度の相関（東海林ら，2012より）

基礎スキル	意思伝達	動揺対処	意図的隠匿	他者理解	モニタリング	スキル合計[1]	平均 (SD)	
平均	17.06	13.63	10.83	8.68	10.76	50.14	平均 (SD)	
(SD)	(4.22)	(3.50)	(2.72)	(2.34)	(2.43)	(8.04)		
対人不安感 (N=117)								
聴衆不安	$-.346^{**}$	$-.183^{*}$	.026	$-.277^{**}$	.071	$-.320^{**}$	17.63	(8.27)
相互作用不安	$-.355^{**}$	$-.197^{*}$	$-.070$	$-.314^{**}$	.014	$-.360^{**}$	15.73	(7.82)
対人不安[2]	$-.370^{**}$	$-.200^{*}$	$-.022$	$-.311^{**}$	.046	$-.358^{**}$	33.36	(15.25)
基礎スキル	意思伝達	動揺対処	意図的隠匿	他者理解	モニタリング	スキル合計[1]	平均 (SD)	
平均	16.78	13.77	9.91	9.16	11.55	51.25	平均 (SD)	
(SD)	(4.44)	(4.00)	(3.18)	(2.42)	(2.84)	(8.52)		
ソーシャルサポート (N=103)	$.380^{**}$	$-.059$	$-.212^{*}$	$.262^{**}$	.114	$.283^{**}$	14.50	(3.88)
身体的攻撃 (N=103)	$-.211^{*}$	$-.270^{**}$	$-.008$	$-.317^{**}$	$-.285^{**}$	$-.422^{**}$	24.66	(9.19)
関係性攻撃 (N=103)	$-.107$	$-.221^{*}$	$-.027$	$-.062$	$-.345^{**}$	$-.292^{**}$	14.62	(4.98)

注1：スキル合計は，意思伝達，動揺対処，他者理解，自己他者モニタリングの4下位尺度得点の総和
注2：聴衆不安得点と相互作用不安得点の総和
$^{*}p<.05$, $^{**}p<.01$

表 3.11　「相関係数の検定」の手順

1. 帰無仮説と対立仮説を設定する。
   帰無仮説　H_0：$\rho=0$（母相関係数は 0 である）
   対立仮説　H_1：$\rho\neq0$（母相関係数は 0 ではない）
2. 検定に応じた検定統計量を選択する。

   検定統計量：$t=\dfrac{r\sqrt{n-2}}{\sqrt{1-r^2}}$

   r は標本相関係数，n はサンプルサイズ。
   この検定統計量 t は，帰無仮説のもとで，自由度 $n-2$ の t 分布に従う。
3. 有意水準を定める。
   有意水準を 5%（$\alpha=0.05$）とする。両側検定。
4. データ（標本）から検定統計量の実現値を求める。

   $t=\dfrac{.380\times\sqrt{103-2}}{\sqrt{1-.380^2}}=\dfrac{.380\times10.05}{.925}=4.129$

   検定統計量の実現値は，$t=4.13$ と求められた。
5. 帰無仮説を棄却するかどうかを判断する。
   棄却域を求める。検定統計量 t は，帰無仮説のもとで自由度 $n-2$ の t 分布に従うので，自由度 $103-2=101$ の t 分布を利用して棄却域を求めることができる。棄却域が $t>1.984$ と $t<-1.984$ と求められる。
   検定統計量の実現値は $t=4.13$ なので，$t>1.984$ の範囲に入る。よって，帰無仮説は棄却される。5%水準で有意な相関が見られた。

集団における相関係数）が 0 であるという帰無仮説を検討することから，**無相関検定**と呼ばれることもあります。ρ は，母相関係数を表すギリシャ文字で，「ロー」と読みます（アルファベットの r に対応するギリシャ文字です）。この検定で用いる検定統計量は表 3.11 の手順 2 に示した t となります。この検定統計量 t は，帰無仮説のもとで，自由度 $n-2$ の t 分布に従います。検定の有意水準を 5% としましょう。手順 1 の対立仮説より，両側検定となります。手順 1 から 3 が決まったら，標本から検定統計量の値を計算します。表 3.10 の情報を用いて検定統計量の実現値を計算しましょう。検定統計量の実現値は，$t=4.13$ と求められました。帰無仮説を棄却するかどうかの判断のため，棄却域を求めます。検定統計量 t は，帰無仮説のもとで自由度 $n-2$ の t 分布に従うので，自由度 $103-2=101$ の t 分布を利用して棄却域を求めることができます。棄却域は $t>1.984$ と $t<-1.984$ となります。巻末の付表 2 では自由度 $df=101$ に対する t の臨界値が示されていないので，付表 2 を利用する場合は，$df=60$ のときの t 値を用いて，棄却域を $t>2.000$，$t<-2.000$ とみなします。手順 4 で求めた，検定統計量の実現値は $t=4.13$ でしたので，$t>1.984$ の範囲に入ります。よって，帰無仮説は棄却されます。中学生用コミュニケーション基礎スキル尺度の下位尺度の一つである「意思伝達スキル」と「友人のソーシャルサポート尺度」の間には 5% 水準で有意な相関が見られたということになります。

3.6　検定における 2 種類の誤りと検定力

　本節では，検定における 2 種類の誤りと検定力について述べます（表 3.12）。これは，検定のパフォーマンスを評価するために重要な概念です。

3.6.1　第 1 種の誤りとその確率

　データ（標本）から求められた検定統計量の実現値が，帰無仮説のもとでは滅多に生じないような珍しい値（例えば，5% 以下の確率でしか生じない

表 3.12 検定における2種類の誤りと検定力

研究者の行った判断	真実の状態	
	帰無仮説が正しい	帰無仮説が間違っている
帰無仮説を棄却	第1種の誤り 第1種の誤りの確率：α	正しい決定 検定力：1−β
帰無仮説を棄却しない	正しい決定	第2種の誤り 第2種の誤りの確率：β

表 3.13 α の解釈

第1種の誤りの確率	帰無仮説が正しいときに，その正しい帰無仮説を誤って棄却することを第1種の誤りといい，その第1種の誤りの確率のことをαで表す。
有意水準	帰無仮説を棄却するかどうかを判断する際の根拠となる確率のことで，αで表す。通常5%（α=0.05）または1%（α=0.01）に設定されることが多い。

表 3.14 検定における2種類の誤りと，迷惑メール検知機能のアナロジー

誤りの種類	迷惑メール検知機能に例えると	それぞれの確率が高くなると
第1種の誤り	本来迷惑メールではないメールを迷惑メールと判断して検知してしまう誤りと例えられる。これは，false positive と呼ばれる。ちょっとでも迷惑メールの疑いがあるものは検知して「迷惑メール」というラベルを貼っておこうという立場。	第1種の誤りの確率が高くなると，迷惑メールと判断されるメールの数が増え，そうした迷惑メールが別のフォルダ（迷惑メールフォルダ）に自動的に振り分けられるような設定になっている場合，重要なメールを読み落とす可能性が高まる。
第2種の誤り	本来迷惑メールなのに，そのメールを迷惑メールと判断しない，したがって迷惑メールと検知しない誤りと例えられる。これは，false negative と呼ばれる。迷惑メールかどうかグレーのものは検知せず，「迷惑メール」というラベルも貼らないという立場。	第2種の誤りの確率が高くなると，迷惑メールとして検知されるメールが減り，メールソフトの「受信フォルダ」に迷惑メールであるメールがたくさん並ぶということになる。

ような極端な値）だったとき，それは帰無仮説が間違っているからだと考えて，これを捨てる（棄却する）というのが，統計的仮説検定の考え方でした。しかし，帰無仮説が正しいのに，帰無仮説のもとでは滅多に生じないような珍しい値がたまたま手に入ることもあり得ます。この場合，本来は正しいはずの帰無仮説を「間違っている」と判断して棄却してしまうことになるので，誤った判断を下したということになります。このような，帰無仮説が正しいときに，その正しい帰無仮説を誤って棄却することを**第1種の誤り**（Type I error）といいます。そして，第1種の誤りの確率を α と表します。α というと，統計的仮説検定における，有意水準を示す確率としても用いられていますが，これらは同じものを意味しています。表3.13に α の解釈を記しました。

3.6.2　第2種の誤りとその確率

　私たちが検定を行う場合，一般に帰無仮説が棄却され，有意な結果が得られることを期待しています。しかし，帰無仮説が間違っているのにもかかわらず，検定によりその間違った帰無仮説を棄却できないことがあります。

　帰無仮説が間違っているのに，本当は間違っているその帰無仮説を「棄却しない」という判断を下した場合，これは誤った判断を下したことになります。これが**第2種の誤り**（Type II error）で，第2種の誤りの確率を β と表します。検定における2種類の誤りを，迷惑メールの検知機能で例えてみたのが，表3.14です。

3.6.3　検 定 力

　検定力（statistical power）とは，帰無仮説が間違っているときに，間違っている帰無仮説を正しく棄却できる確率のことです。第2種の誤りを犯さない確率と言い換えられるので，第2種の誤りの確率 β を用いて，検定力 = 1 − β と表されます。第1種と第2種の誤り，検定力の関係を表3.12に示しました。

コラム 3.3	検定力に関連する3つの要素

検定力を高めるには，以下の3つの要素があります。

1. **効果の大きさ**
2. **有意水準 α**
3. **サンプルサイズ**

効果の大きさというのは，実際に母集団でどのくらいの平均値差があるか，相関係数があるかといったものです。独立な2群の平均値の t 検定を例にとると，母集団における平均値差が大きいから，検定をやって有意になるということです。効果の大きさは，**効果量**（effect size）という指標で表されます。効果量には様々なものがあります。最もよく知られているのが，2群の平均値差に基づく「標準化された平均値差」です。

この効果量（の推定値）d は次式で与えられます。

$$d = (実験群の平均 - 統制群の平均)/2群をプールした標準偏差$$

検定力に関連する要素の2つ目は，有意水準です。検定の有意水準が厳しいほど，有意な結果は得られにくいということになります。例えば，有意水準5%で検定をするよりも，有意水準1%で検定をする方が有意になりにくい，つまり，検定力が低くなるということです。

サンプルサイズも，検定力に関連する重要な要素の一つです。サンプルサイズが大きいほど，検定力を高くすることができます。これは（帰無仮説が間違っているならば）とにかくサンプルサイズを増やせば，検定力を1に近づけることができるということです。効果の大きさがほとんどなくても，サンプルサイズが大きければ，検定力は高まり，検定をして有意な結果を得ることができてしまいます。例えば，標本相関係数の値が $r = 0.1$ であっても，サンプルサイズが $n = 400$ もあれば，検定の結果は有意となります（有意水準5%の両側検定の場合）。しかし，$r = 0.1$ 程度の相関は「ほとんど相関なし」とみなされる値です。このように，サンプルサイズを大きくとりさえすれば，実質的に意味のない効果であっても，有意という検定結果が得られてしまうことは，検定の問題点の一つとされています。

検定力は，検定をして有意な結果が得られる確率ととらえることもできます。検定力は0.8以上あることが望ましいといわれています。実際に研究を始める前に，「0.8の検定力を得るためにはどのくらいのサンプルサイズが必要か」ということを確認するための分析がなされることがあります。こうした分析を，検定力分析といいます。検定力に影響する3つの要素について，コラム3.3で具体的な内容を説明しました。

効果量や検定力を扱った研究として，杉澤（1999）や鈴川・豊田（2012）などがあります。鈴川・豊田（2012）は，2007，2008年度の「心理学研究」に掲載された111論文を分析対象とし，t検定と分散分析を取り上げて検定力分析を行っています。最終的には，73編の論文から864の検定を分析対象としました。検定力分析については，豊田（2009）が参考になります。

3.7　ベイズ推測

本章の最後に，ベイズ推測を取り上げます。本章と前章で紹介してきた統計的推測の考え方は，標本理論と呼ばれる理論に基づいています。一方，ベイズ推測は，ベイズの定理を利用して，標本理論とは異なる統計的推測の枠組みを提供します。

3.7.1　ベイズの定理と主観確率の基礎

本書で紹介している点推定や区間推定を含む統計的推測は，母数の推定や仮説検定に用いる標本統計量の標本分布（2.1.4項）に基づいて行われるものです。このような推測の枠組みを**標本理論**といいます。標本理論では，標本分布はデータやそこから計算される統計量が従う確率分布であり，母数や（帰無）仮説は決まった値や状態に固定されているとみなしています。それにもかかわらず，母平均の95%信頼区間を「母平均が標本より求めた信頼区間に含まれる確率は.95である」という意味にとってしまう（2.3.3項），p値を「帰無仮説が正しい確率」と解釈してしまう（2.4.2項）といった誤解

表3.15 **ある病気に関する検査の精度と，この病気の事前確率**

		検査結果		事前確率 1	事前確率 2
		陽性	陰性		
真の状態	H_0：病気でない	$P(陽性 \mid H_0)$ $= 0.03$	$P(陰性 \mid H_0)$ $= 0.97$	$P(H_0)$ $= 0.99$	$P(H_0)$ $= 0.50$
	H_1：病気である	$P(陽性 \mid H_1)$ $= 0.90$	$P(陰性 \mid H_1)$ $= 0.10$	$P(H_1)$ $= 0.01$	$P(H_1)$ $= 0.50$

（ではないにしても，そのように受けとられかねない表現）を分析者はしがちです。推定や検定のロジックそのものが難解であることもありますが，そのような誤解が生じるのは，人々が本心ではそう言いたい（つまり，母数や仮説についての確率的な主張がしたい）と思っているからではないでしょうか（Cohen, 1994）。

　こうした主張を可能にする方法にベイズ推測があります。**ベイズ推測**は，データのみならず未知の母数や仮説にも確率分布を仮定し，条件付き確率に関する公式（ベイズの定理）を利用することによって可能になります。

　簡単な「仮説検定」の例で説明しましょう。ある病気の検査は，その病気にかかっている人を 0.90 の確率で正しく陽性と診断し，かかっていない人を 0.97 の確率で正しく陰性と診断できます（**表 3.15**）。いま，ある来院者について，この病気である（H_1）かそうでない（H_0）かをこの検査によって判断するとします。検査結果は陽性でした。この結果に基づいて，来院者の「真の状態」について推測してみます。統計的仮説検定の流儀に従えば，帰無仮説 H_0 のもとでのデータ（検査結果）の標本分布を考えます。これはつまり，H_0 が真であるという条件が与えられたときの検査結果の条件付き分布であり，**表 3.15** における P（陽性｜H_0）= 0.03, P（陰性｜H_0）= 0.97 が相当します（条件付き分布については，**コラム 3.5** 参照）。p 値，すなわち H_0 のもとで検査結果が陽性となる確率は 3％ ですから，この結果は 5％ 水準で有意，すなわち H_0 を棄却し H_1 を採択することになります。

　これに対して，ベイズ推測では，検査結果＝陽性というデータが得られたときに，H_1 の確率がどうなるかを考えます。言い換えれば，検査結果が陽性であるという条件が与えられたときの，H_1 の条件付き確率 P（H_1｜陽性）を求めるということです。これは，**表 3.16** の事後確率の行に示した公式によって求められます。P（H_1｜陽性）を求めるこの公式のことを，**ベイズの定理**と呼びます（**コラム 3.5**）。ベイズの定理を用いるためには，データを得る前の仮説に関する確率 P（H_0）と P（H_1）（事前確率または事前分布といいます。**表 3.16** 参照），およびそれぞれの仮説のもとでデータが得られる

表 3.16 ベイズの定理

事後確率 事後分布	$P(H_1 \mid 陽性) = \dfrac{P(陽性 \mid H_1)\ P(H_1)}{P(陽性 \mid H_1)\ P(H_1) + P(陽性 \mid H_0)\ P(H_0)}$
事前確率 事前分布	$P(H_0)$ と $P(H_1)$
尤度	$P(陽性 \mid H_0)$ および $P(陽性 \mid H_1)$

注：尤度はもともと，それぞれの仮説で条件付けたときに検査結果が陽性となる条件付き確率ですが，陽性というデータが得られたときに，これを仮説の関数とみなします。

表 3.17 事前確率 $P(H_1)$ が異なる場合の，事後確率 $P(H_1 \mid 陽性)$ の差異

来院者が病気である確率 （事前確率（$P(H_1)$））	陽性という結果のとき，病気である確率 （事後確率，$P(H_1 \mid 陽性)$）
病気に関する情報がなくて，病気である確率を1%と見積もる場合 $P(H_1) = 0.01$	$P(H_1 \mid 陽性) = \dfrac{0.90\ (0.01)}{0.90\ (0.01) + 0.03\ (0.99)} \approx 0.23$
医師の経験から，病気である確率を五分五分とみなせる場合 $P(H_1) = P(H_0) = 0.50$	$P(H_1 \mid 陽性) = \dfrac{0.90\ (0.50)}{0.90\ (0.50) + 0.03\ (0.50)} \approx 0.97$

確率 P(陽性 | H_0)および P(陽性 | H_1)(これらを尤度といいます。表 3.16 参照)が必要です。得られた P(H_1 | 陽性)は,「検査結果が陽性であったときに,H_1 が真である事後確率(あるいは P(H_0 | 陽性)とまとめて事後分布)」と呼ばれます。

　一般的な集団においてこの病気の人の割合が 1% であるとすると,検査前,この病気に関する情報が何もないとき,この来院者が病気である確率は P(H_1)= 0.01(逆に,病気でない確率は P(H_0)= 0.99)と見積もることができます(表 3.15,事前確率 1)。すると,H_1 が真である事後確率は,表 3.17 より 0.23 と計算でき,陽性という検査結果を得てもこの病気である確率はそれほど高くないといえそうです。

　しかし仮に,診察に当たった医師の経験から,この病気が疑われる来院者については,病気である確率は五分五分,すなわち P(H_0)= P(H_1)= 0.50 であるとわかっているとします(表 3.15,事前確率 2)。検査の結果がやはり陽性だったとすると,表 3.17 より 0.97 となって,今度は非常に高い確率で病気であると判断されます。同じデータ(検査結果＝陽性)が得られたとしても,事前確率が違えば事後確率も異なってきます。

　このように,ベイズ推測では,推測の対象となる母数や仮説について事前分布を設定することで,ベイズの定理を介してデータが観測された後の母数や仮説の事後分布を求め,その事後分布に基づいて推測を行います。事前分布は,データを得る前の,分析者にとっての母数や仮説の不確実さを表現したものであり,上の例のように分析者によって異なることがあり得ます。同様に,事後分布も,データという情報を得て更新された,分析者にとっての母数や仮説の不確実さを表すものとなります。このような意味で,ベイズ推測が扱う確率は**主観確率**といわれることがあります。

3.7.2 ベイズモデリング

　3.7.1 項の例では,病気の有無という 2 値の仮説を扱いましたが,本書で紹介している推定や検定は,推測対象の母数や仮説に適当な事前分布を設定

表2.11　標本理論による，95% 信頼区間の計算（再掲）

---

1. 自尊感情尺度得点 X が，一般の大学生では，平均 μ，標準偏差6（分散36）の正規分布に従っているとする。$X \sim N(\mu, 36)$

2. $\bar{X} = 27$，$n = 100$，$\sigma = 6$ となるので，標準誤差は，$\dfrac{\sigma}{\sqrt{n}} = 6/\sqrt{100} = 0.6$ となる。

3. 95%信頼区間の下限は，$\bar{X} - 1.96\dfrac{\sigma}{\sqrt{n}} = 27 - 1.96 \times 0.6 = 27 - 1.176 = 25.824$ となる。

4. 95%信頼区間の上限は，$\bar{X} + 1.96\dfrac{\sigma}{\sqrt{n}} = 27 + 1.96 \times 0.6 = 27 + 1.176 = 28.176$ となる。

コラム3.4　母平均 μ のベイズ推測

　自尊感情尺度得点の母集団分布は，$X \sim N(\mu, 36)$ と表されました。すると，独立な n 人の標本による X の標本平均 $\bar{X}$ の標本分布は $\bar{X} \sim N(\mu, 36/n)$ となるのでした。つまり，母平均 μ が与えられたときの自尊感情尺度得点の標本平均 $\bar{X}$ の条件付き分布が $N(\mu, 36/n)$ になるということです。ベイズ推測で求めたいのは，$\bar{X}$ が与えられたときの μ の事後分布です。このためには，μ の事前分布を設定する必要がありますが，ここでは $\mu \sim N(\theta, \tau^2)$ とします。θ や τ は分析者が事前情報に基づいて決める固定値です（θ はシータ，τ はタウと読みます。いずれもギリシャ文字です）。ベイズの定理を用いると，$\bar{X}$ の実際の値 $\bar{x}$ が与えられたときの μ の事後分布は

$$\mu \sim N\left(\frac{\tau^2 \bar{x} + (36/n)\theta}{\tau^2 + (36/n)}, \frac{\tau^2(36/n)}{\tau^2 + (36/n)}\right)$$

と求められます。
　いま，分析者が事前分布を $\mu \sim N(30, 4)$（$\theta = 30$，$\tau^2 = 4$）と設定したとします。表2.11 と同じく $n = 100$ の標本平均が $\bar{X} = 27$ であったとすると，これらの数値を上の式に代入すれば，μ の事後分布 $\mu \sim N(27.25, 0.33)$ が得られます。点推定値として事後分布の平均をとれば，$\mu = 27.25$ と推定でき，その「不確実さ」は事後分布の標準偏差によって $\sqrt{0.33} = 0.57$ と見積もられます。また，区間推定を行う場合，例えば事後分布の中心部分で事後確率が 95 % となる範囲をとれば，$27.25 \pm 1.96\sqrt{0.33} = [26.12, 28.37]$ と求められます。事後分布から求めたこのような区間を確信区間と呼びます。事後分布は母数の確率分布ですから，確信区間については，標本理論ではなし得ない「母平均 μ が区間 $[26.12, 28.37]$ に入る確率は 95 % である」という主張をすることが可能です（もちろん，この結果は事前分布に依存します。θ や τ に異なる値を設定した場合や，上記の表 2.11 の標本理論による信頼区間とも比べてみましょう）。

すればほぼ全てベイズ推測に持ち込むことができます。例として，表 2.11 の母平均 μ の推定をベイズ流にやってみましょう（コラム 3.4 をご覧下さい）。

　ベイズ推測では，データであれ母数であれ，未知数の間の依存関係を条件付き分布の連鎖で表現し，それに母数の事前分布を掛け合わせることによって事後分布を求めて推測を行います。このことは，従来の推定や検定のモデルにとらわれない，柔軟で汎用性の高いモデリングを可能にします。心理学の分野でも，認知過程をベイズ流の確率モデルで表現し，データを当てはめて推測を行うアプローチが出てきています（例えば，リー・ワーゲンメイカーズ，2017）。一般的に，このような枠組みを総称してベイズモデリングと呼びます。

　ベイズモデリングの発想は古くからありましたが，モデリングはできても事後分布の計算に大変な手間がかかり，実用的とはみなされていませんでした。しかし，20 世紀末にマルコフ連鎖モンテカルロ（MCMC）法と呼ばれる，事後分布を確率的シミュレーションによって近似する方法が提案され，計算機の性能向上もあって最近では様々な分野で盛んに用いられるようになりました。近年では教科書もたくさん出版されています（例えば，安道，2010；浜田・石田・清水，2019；リー・ワーゲンメイカーズ，2017；豊田，2015 など）。また，大久保・岡田（2012）の第 6 章や，南風原（2014）の第 8 章にも丁寧な解説がありますので，詳しく学びたい方はこれらのテキストを参照して下さい。JASP（https://jasp-stats.org）や Stan（https://mc-stan.org）など，ベイズ推測が容易に実行できるソフトウェアも提供されています。

　このように書くと，ベイズ推測はよいことばかりのように聞こえますが，問題がないわけではありません。まず，事前分布の設定が必要となることが挙げられます。客観性が求められる心理学研究において，研究者の主観で事前分布を設定することがどこまで許容されるかについて，まだはっきりとした見解がないのが現状です。特定の値に偏らない「無情報」な事前分布を用

コラム 3.5　条件付き確率とベイズの定理（1）

　ベイズ推測の柱となるベイズの定理は，「同時確率」「周辺確率」「条件付き確率」の関係から導かれます。例を使って説明しましょう。

表 3.18　同時確率と周辺確率

| | | 検査結果（Y） | | 合計 |
	$P（X, Y）$	陽性	陰性	$P（X）$
病気の有無	病気でない	0.0297	0.9603	0.99
（X）	病気である	0.0090	0.0010	0.01
合計	$P（Y）$	0.0387	0.9613	1.00

　表 3.18 の太枠内を見て下さい。これは，表 3.15 の例の「一般的な集団」における，病気の有無（X）と検査結果（Y）の「同時確率分布」を示しています。X と Y の同時確率とは，X と Y の特定の値の組合せが同時に起こる確率を表します。例えば，$P（X=$病気でない，$Y=$陽性）$=$ 0.0297 です。これは，この集団から任意の人を選んだとき，その人が病気ではないにもかかわらず検査で陽性となってしまう確率を表します。X と Y の値の全ての可能な組合せについて確率を合計すれば 1 になります。同時確率分布を $P（X, Y）$ と表します。

　表 3.18 には，同時確率の行合計と列合計も示してあります。これらは，他方の変数を無視したときの，個々の変数単独の確率分布を表しており，「周辺確率分布」と呼ばれます。例えば，X の周辺確率はそれぞれ $P（X=$病気でない）$=0.99$，$P（X=$病気である）$=0.01$ です。これらは，本文で述べたように「一般的な集団」におけるこの病気の人の割合を表します。Y の値に関係なく，X が特定の値になる確率が X の周辺確率なので，同時確率について，X がその値になるものを全て足し合わせる（現在の例では，同時確率の各行の和を求める）ことで周辺確率が得られます。Y の周辺確率についても同様に定義されます。周辺確率分布は，$P（X）$ あるいは $P（Y）$ と表します。

いるという手段もありますが，どのような基準によって無情報とみなすかということについても，いくつかの異なる見方が存在します（南風原，2014の第8章に，事前分布の設定に関する議論があります）。

「仮説が真である（正しい）確率」という表現にも気をつけなければなりません。これはあくまで，考慮の対象としている統計的仮説の範囲内でのもっともらしさであり，事後確率が高いことが，研究仮説そのものが正しいという事実の証明にはなるわけではありません。ベイズ推測は有用な分析手法となり得ますが，他の分析手法と同様に，分析者がきちんと意味を理解して使わないと，結果の誇張や歪曲につながる恐れがあります。ベイズ推測が心理学研究においてもっと普及するためには，解決していくべき課題がまだまだあると考えられます。

参 考 図 書

南風原 朝和（2011）．量的研究法　東京大学出版会

　臨床心理学研究を主な対象としていますが，心理学領域で量的な研究を進めていく上で有用な指針を与えてくれる本です。例えば，本書を全部読み終えた段階で，南風原（2011）へとステップアップしてもらいたいと思います。この本の第12章が本章の内容に対応しています。

久保 拓弥（2012）．データ解析のための統計モデリング入門——一般化線形モデル・階層ベイズモデル・MCMC——　岩波書店

　線形モデル，一般化線形モデル，階層ベイズと順を追って勉強することができます。ベイズ統計モデリングの入門書としておすすめの本です。

大久保 街亜・岡田 謙介（2012）．伝えるための心理統計——効果量・信頼区間・検定力——　勁草書房

　「検定に対する過度の依存からの脱却」をテーマとして，近年の統計改革について丁寧な解説がなされた本です。様々な効果量についての説明があり，参考になります。

豊田 秀樹（編著）（2009）．検定力分析入門——Rで学ぶ最新データ解析——　東京図書

コラム 3.5　条件付き確率とベイズの定理（2）

　そして，条件付き確率です。条件付き確率とは，例えば「X＝病気でない」と条件を限定したときに，「Y＝陰性」である確率です。この確率は，**表 3.15** における P（陰性 $|\ H_0$）＝0.97 に他なりませんが，これは同時確率および周辺確率から求めることができます。いま，「X＝病気でない」の条件に限定してしまえば，起こり得るのは「X＝病気でない，Y＝陽性」または「X＝病気でない，Y＝陰性」のいずれかになります。そこで，これらの確率の和が 1 になるように，相対的な大きさを保ったまま総和を調整すればよいことになります。これらの確率の和は 0.99（すなわち，「X＝病気でない」の周辺確率）ですから，これが 1 になるように調整するためには各々をこの 0.99 で割ればよいことになり，「X＝病気でない」という条件の下で「Y＝陰性」となる条件付き確率は，P（Y＝陰性 $|\ X$＝病気でない）＝0.9603/0.99＝0.97 と計算できます。条件付き確率分布は，P（$X\ |\ Y$），P（$Y\ |\ X$）のように表記しますが，それぞれ「ピー，X ギブン Y」「ピー，Y ギブン X」と読み，「Y が与えられたときの X の条件付き確率」「X が与えられたときの Y の条件付き確率」を意味します。

　さて，これらの条件付き確率を同時確率と周辺確率を用いて表せば，それぞれ P（$X\ |\ Y$）＝P（X, Y）/P（Y），P（$Y\ |\ X$）＝P（X, Y）/P（X）となります。これらの式を変形すれば，P（X, Y）＝P（$X\ |\ Y$）P（Y）＝P（$Y\ |\ X$）P（X）という関係が導かれ，これを P（$X\ |\ Y$）について解けば，

$$P(X|Y) = \frac{P(Y|X)P(X)}{P(Y)}$$

が得られます。これがベイズの定理です。分母の P（Y）は，P（X, Y）＝P（$Y\ |\ X$）P（X）を X のすべての値について足し合わせることによって得られますから，これは**表 3.16** に示すベイズの定理と一致します。

　ベイズの定理を使えば，P（$Y\ |\ X$）から P（$X\ |\ Y$）を導くことができ，条件付ける方向を逆転することができます。この意味で，ベイズの定理は「逆確率の法則」と呼ばれることもあります。

検定力分析についてのテキストです。この本を読むことで，オープンソースの統計ソフトウェアであるRを用いて，実際に検定力分析を行うことができます。

キーワード

一般化線形モデル，独立な2群のt検定，対応のないt検定，t分布，自由度，対応のあるデータ，対応のあるt検定，変化量，背理法，第1種の誤り，研究の公正性，カイ2乗検定，クロス集計表，独立性の検定，適合度の検定，カイ2乗分布，観測度数，期待度数，相関係数の検定，無相関検定，第2種の誤り，検定力，効果の大きさ，効果量，標本理論，ベイズ推測，ベイズの定理，主観確率，ベイズモデリング

第 4 章

実験計画と分散分析 1

　　第 3 章では 2 つの標本平均の差から未知の母
平均間の差の有無を推測する方法について学びま
した。実際の心理学研究では 3 つ以上の母平均
間の差について同時に興味が生じる場合もありま
す。仮に A 群，B 群，C 群の 3 つの母平均の
差について検討したいとして，有意水準 5% の t
検定を 3 回繰り返すと，検定全体の有意水準は
5% よりも大きくなってしまうことが知られてい
ます。検定の繰返しによる有意水準の増加を防ぐ
方法として，本章で解説する分散分析と多重比較
を利用することができます。

　　分散分析は心理学研究において最も利用されて
いる多変量解析手法の一つで，様々なデータ測定
状況に対応した下位分類が存在しています。それ
ら全てを網羅することはできませんが，本章で
は，分散分析の基礎理論と典型的な応用例に焦点
を絞って解説します。

4.1 分散分析を体験する

4.1.1 完全無作為 1 要因デザイン

　文系の大学生にとって使いやすい心理統計学の教科書の形式について，大学生を対象にニーズ調査をすることを考えます。形式によって使いやすさに違いがあるかどうかを調べるために，数式を多用する理論的な教科書「数式」，文章によって平易に解説する教科書「文章」，漫画を用いて楽しげに解説する教科書「漫画」の 3 形式のイメージ原稿を用意し，30 人の大学生に教科書としての「使いやすさ」を 5 段階評価してもらいます。

　評価者 30 人は母集団から無作為に抽出し，さらに「数式」「文章」「漫画」を評価する 3 群に，それぞれ 10 人ずつ無作為に割り当てます。表 4.1 に 30 人の評価結果を，図 4.1 に各群の評定平均と *SD*（標準偏差）のプロットをそれぞれ掲載します。

　各形式に評価者を無作為に割り当てたのは，形式に関する事前の好みの偏りをなくすためです。無作為割り当てを適用したこの実験計画を**完全無作為 1 要因デザイン**と呼びます。「1 要因」という表現は評定を説明する**要因**（factor）として「形式」のみが仮定されていることを意味しています。形式が評定を説明するのであれば，母集団において群平均は異なるはずです。

4.1.2 分散分析表

　4.1.1 項の例では，3 群以上の母集団の平均の差についての検定を行う必要があります。この目的に応えるのが**分散分析**（ANalysis Of VAriance; ANOVA）です。分散分析の結果は**分散分析表**にまとめます（表 4.2）。分散分析における検定統計量は *F* 値で，利用する確率分布は *F* 分布です。図 4.2 に示すように，*F* 分布は 2 つの自由度により形状が決定されます。表 4.2 から $F_{(2, 27)} = 3.961$ に対応する *p* 値は 0.031 で，5 ％水準で検定結果は有意です。*F* 検定の帰無仮説は「形式によって評定の母平均には差が生じない」です。したがって，*F* 検定の結果，形式によって母平均に差が生じている可

表 4.1 教科書の使いやすさの評定（完全無作為 1 要因デザイン）

評価者 ID	数式	評価者 ID	文章	評価者 ID	漫画
5	1	9	3	7	2
25	2	14	4	27	2
26	3	12	3	11	2
30	2	1	2	6	1
24	2	19	3	21	2
18	1	15	2	17	5
16	2	23	1	3	5
2	1	22	3	29	4
20	2	10	1	28	3
13	1	8	2	4	5
平均値	1.7	平均値	2.4	平均値	3.1
SD	0.675	SD	0.966	SD	1.524

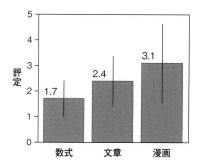

図 4.1 平均値と標準偏差プロット
分散分析では母集団平均の差について興味があるので各群の標本平均と標準偏差を報告します。

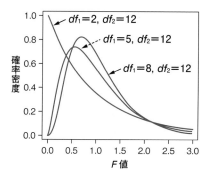

図 4.2 F 分布と自由度
F 分布は 2 つの自由度（df_1, df_2）によって形状が定まります。

表 4.2 完全無作為 1 要因デザインの分散分析表

要因	自由度	平方和	平均平方	F 値	有意確率
群間	2	9.800	4.900	3.961	0.031
群内	27	33.400	1.237	—	—
合計	29	43.200	—	—	—

能性が示唆されたことになります。

4.1.3　1要因反復測定デザイン

　上に挙げた教科書の評価のような手間のかかる実験の参加者を集めること
は容易でありません。場合によっては1要因反復測定デザインを利用し，1
人の参加者から複数のデータを測定するという工夫が有効です（コラム4.8
も参照のこと）。このデザインでは1人の評価者が全ての実験条件を経験し
ます。表4.3は，同一の評価者が3つの教科書の使いやすさを評定した結果
です。

4.1.4　1要因ランダムブロックデザイン

　実験前に30人の評価者に対して心理統計学に対する「学習意欲尺度」を
実施し，その得点によって順位をつけます。次に1位から，順に3人ずつ評
価者を抽出し，実験条件に無作為に割り当てていきます。その結果が表4.4
です（表4.1のデータを並べ替えたものです）。この手続きを経ることで，
特定の条件に学習意欲が低い人（あるいは高い人）が集まり，教科書の使い
やすさの評定に影響するといった不都合がなくなります。

　3人ずつ抽出された評価者は学習意欲の点で似通った人たちです。ある観
点において似通った評価者の単位をブロック（block）と呼びます。ブロッ
クを作成することをブロック化（blocking）と呼びます（マッチングとも呼
びます。第1章参照）。ブロック内では無作為割り当てが適用されているこ
とから，このデザインを1要因ランダムブロックデザインと呼びます。ま
た，1要因反復デザインと併せて，対応のある1要因デザインとも呼びます。

4.1.5　分散分析表

　対応のある1要因デザインの分散分析表は表4.5のように条件，ブロック，
残差という3要因で構成されます。条件（興味のある実験要因）のF値はF
$(2, 18) = 14.230$でp値は0.000です。完全無作為1要因デザインの分散分析

表 4.3 教科書の使いやすさの評定（1 要因反復測定デザイン）

評価者 ID	数式	文章	漫画
1	3	2	2
2	1	1	2
3	2	2	5
4	1	1	1
5	2	3	2
6	2	3	5
7	1	2	3
8	2	4	2
9	2	3	4
10	1	3	5

表 4.4 教科書の使いやすさの評定（1 要因ランダムブロックデザイン）

ブロック	意欲順位	数式	意欲順位	文章	意欲順位	漫画
1	30	1	28	1	29	2
2	25	1	27	2	26	2
3	24	2	23	2	22	2
4	21	1	20	1	19	1
5	16	1	18	2	17	2
6	14	2	15	3	13	5
7	12	2	10	3	11	5
8	8	2	7	3	9	4
9	6	2	4	3	5	3
10	3	3	2	4	1	5

表 4.5 対応のある 1 要因デザインの分散分析表

要因	自由度	平方和	平均平方	F 値	有意確率
条件	2	9.800	4.900	14.230	0.000
ブロック	9	27.200	3.022		
残差	18	6.200	0.344	—	—
全体	29	43.200	—	—	—

での F 値は 3.961 でしたから，F 値が大きくなっています。同じデータを利用しているのに，対応のある 1 要因デザインの分散分析で F 値が大きくなったのは，ブロックを導入したことの効果です（その理論については 4.5 節で説明します）。

4.2　分散分析の基礎用語

4.2.1　要因・水準

　実験とは**従属変数**に対する**独立変数**の影響について検討する手法で，分散分析はこの影響を推定するための具体的な方法です。分散分析の枠組みでは独立変数は**要因**と表現されます（図 4.3）。4.1 節の例では教科書の「形式」という要因が「使いやすさの評定」という従属変数に及ぼす影響を検討しています。また要因がとり得る値を**水準**（level）と呼びます。「形式」という要因には「数式」「文章」「漫画」という 3 つの水準があります。水準は文脈によって条件とも呼ばれます。

4.2.2　剰余変数の統制

　要因以外で従属変数に影響を与える変数を**剰余変数**（extraneous variable）と呼びます。例えば，学習意欲の条件間での偏りは剰余変数となり得ます。要因の効果と剰余変数の影響が混合している状況を**交絡**（confounding）と呼びます（図 4.4）。交絡は実験の失敗を意味していますが，4.1 節で見たように無作為割り当てあるいはブロック化を利用することで，その影響を排除することができる場合もあります（図 4.5）。このような工夫を**統制**（control）と呼びます。統制法としてブロック化を適用する場合には，剰余変数をブロックという要因として取り上げることでその影響を分離・排除していることになります。

図 4.3 要因と従属変数の関係の模式図

分散分析では独立変数は要因と呼ばれます。この要因は質的変数であることが求められます。従属変数は量的変数となります。独立変数も量的変数であるのなら，分散分析でなく，後述する回帰分析・重回帰分析を適用します。

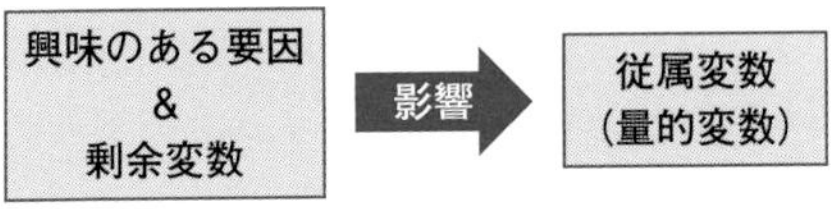

図 4.4 交絡が生じている例

剰余変数が統制されていないと，興味のある要因の影響と，剰余変数の影響を分離して評価できません。剰余変数を事前に把握できていない場合，興味のある要因の影響と思われていたものが，実は剰余変数によるものであったという結果になりかねません。実験計画を立てる場合には，この剰余変数をリストアップした上できちんと統制する工夫が求められます。

図 4.5 対応のある 1 要因デザインの模式図

剰余変数をブロック要因として取り上げることで，興味のある要因と剰余変数の影響を独立評価しています。対応のある 1 要因デザインの分散分析を利用することは統計的に剰余変数の影響を統制していることになります。

コラム 4.1　クリシンしてみよう

問：ある論文で次のような記述がありました。最後の結論に対してこの実験計画は妥当かどうか，あなたの考えを述べて下さい。

> 新しく開発された英語リスニング能力向上のための教材の効果を検証するために，30 人のモニター（無作為抽出）に対して 3 カ月にわたってその教材を利用してもらった。教材適用前に事前テストを行い，3 カ月後に事後テストを行った。両テストは実用技能英語テストであり，問題内容は互いに異なるが難易度は調整されている。両テストの平均点を比較したところ，事後テストの平均が有意に高かったことから，教材の効果はあったと結論づけられる。

答：この実験デザインでは，新しく開発された教材の効果を検討するために，事前テスト→処遇（教材導入）→事後テストのように，2 つの測定時期を設けています。1 要因反復測定デザインのうち，このようなデザインを **1 群事前事後デザイン**と呼びます。このデザインにおける実験要因は「測定時期」になります。処遇の効果を検討する実験デザインとして，1 群事前事後デザインには様々な問題があることが知られています。

　実験研究では**内的妥当性**（internal validity）を確保することが求められます（詳細は参考図書の南風原（2001）を参照して下さい）。内的妥当性の高い研究では，独立変数の効果が示唆される結果が生じた場合に，その結果が剰余変数と交絡していないと主張できます。この点に関して，1 群事前事後デザインでは，デザインの性質上利用できる統制法が限られていて，特に，いくつかの剰余変数に対しては十分に対応できないことが知られています。つまり，内的妥当性を確保しづらい実験デザインなのです。本例に照らし合わせて 1 群事前事後デザインの問題について考察してみましょう。

　まず，この実験では処遇が与えられる期間が 3 カ月に設定されていますが，一般的な心理実験の期間としては大変長い設定です。この期間にモニターは様々な行動をとることができます。英語学習についていえば，英会

話教室に通い始める人もいるでしょうし，実験に参加しているという意識によって普段よりも多く自習するようになる人もいるでしょう。そういう行動に関して制限をかけることは現実的に不可能ですから，仮に事後テストでよいパフォーマンスが得られたとしても，その結果を教材の効果だけに帰属させることは難しくなります。つまり事前テスト・事後テストの間の行動が剰余変数として実験に混入する可能性を疑う必要があります。

　また，教材適用前に事前テストを実施していますが，このテストを受けたということが，その後の英語学習の動機づけになる可能性もあります。実験のテストといえども，結果が悪かったら「頑張ろう！」という気持ちになる人も少なくないでしょう。そういう人がたくさんいたら，事後テストの平均は高くなりますが，その結果をもって「教材の効果があった」と結論づけることはできません。つまり事前テストの経験が事後テストでのパフォーマンスに剰余変数として混入する可能性を疑う必要があります。

　上述した2つの可能性を考察から排除するためには，教材を適用しないという点で異なるが，その点以外では等しい別のモニター群が必要になります。このような群を**統制群**（control group）と呼びます。また統制群に対して処遇（教材導入）を受ける群を**実験群**（experimental group）と呼びます。実験群と統制群にモニターを無作為割り当てした状況で，事前・事後テストの差得点の平均値に，実験群と統制群において有意な差が観測されたならば，処遇の効果についてより積極的に言及することができます。実験群も統制群も3カ月の間に英語学習に関して同様に自由な行動をとることができましたし，同じように事前テストも受けています。それでも実験群においてのみ有意な平均値差が見られたのならば，処遇の効果が反映されている可能性が高いと考えるのが自然でしょう。

　最後に，この教材はリスニング能力向上のための教材であって発話力や読解力を含めた英語の総合能力を高める教材ではないことに注意して下さい。事前・事後テストは総合能力を測定するテストですから，処遇の効果があったとしてもそれを適切にとらえることができません。

4.2.3　要因の効果と事後検定

　分散分析の結果，F値が有意になった場合には水準間の母平均の違いが強く示唆されます。分散分析の文脈ではこの違いを**効果**（effect）と呼ぶこともあります。要因の効果が存在する場合には少なくとも2つの水準間で母平均に差が存在しています。したがって3水準以上の平均値差について興味があるのなら，具体的にどの水準間（母平均間）に差が見られたかについて**事後検定**によって明らかにする必要があります（事後検定については4.6節で解説します）。

4.3　「分散」を「分析」する理由

4.3.1　母集団における平均値差が示唆されるプロット

　4.1節の例で3つの教科書の平均値のプロットが図4.6のようになったとしましょう。各水準の評価者数は10人です。図中のエラーバー（棒グラフ中の縦棒）は SD であり，水準内での評定の散らばりと解釈します。全体平均（2.3）を水平線で表現していますが，全体平均からの水準の平均の散らばりに対して，水準内での評定の散らばりは小さくなっています。このような状況だと，全体平均からの各評価者の評定のズレを説明するのは，母集団における水準平均の違いであると自然に解釈することができます。

4.3.2　母集団における平均値差が示唆されないプロット

　同じ例で図4.7のようなプロットが得られたとします。水準内での評定の散らばりは図4.6の状況と同じですが，全体平均と各水準の平均値は接近しており，全水準で平均±標準偏差の区間に全体平均が含まれています。このような状況のとき，全体平均からの各評定のズレを説明するのが，「母集団における水準平均の違いである」とは言い難いでしょう。

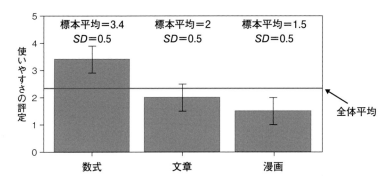

図 4.6　母集団における平均値差が示唆される標本平均のプロット
母集団の平均に明確な差があるのなら，全体平均（水平線）を中心とした水準平均の散らばりに対して，水準内のデータの散らばり（個人差の散らばり）は小さくなります。

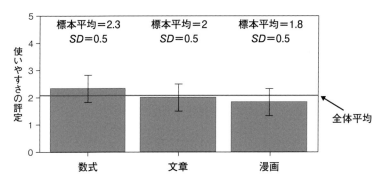

図 4.7　母集団における平均値差が示唆されない標本平均のプロット
母集団の平均に差がないのなら，全体平均（水平線）を中心とした水準平均の散らばりよりも，水準内のデータの散らばり（個人差の散らばり）の方が大きくなります。

4.3.3　比較の手がかり

　つまり，母集団における平均値差が示唆される状況とは，「全体平均を中心とした場合の水準平均の散らばりが水準内のデータの散らばりも十分大きい」場合です。水準平均の散らばりと水準内でのデータの散らばり（個人差の散らばり）は，両者ともに分散で表現することができます。仮に両者の比（分子が水準平均の分散，分母が個人差の分散）が 1 よりもずっと大きければ，母集団における平均値差が強く示唆されていることになります。平均値の検定をするのに分散を分析しなければならないのはこのような理由があるからです。

完全無作為 1 要因デザインの分散分析の理論

4.4.1　全体平方和の分割

　分散分析のイメージがつかめたところで，次に完全無作為 1 要因デザインの分散分析を例に，計算手続きについて解説していきます。本節で解説する内容は，様々な分散分析に共通する原理です。

　データと全体平均の差を偏差と呼びます。この偏差ですが，完全無作為 1 要因デザインによってデータを収集した場合，次のような分解ができることが知られています。

$$偏差＝（水準平均－全体平均）＋（データ－水準平均） \qquad (4.1)$$

　例えば「数式」を評価した評価者 ID26 番の評定は，表 4.1 から 3 と読みとれます。全体平均は 2.4 ですから偏差は 0.6 となります。表 4.6（a）は，30 人の評定の偏差です。「数式」の水準平均が 1.7 ということを踏まえて，（4.1）式を当てはめると

$$0.6＝（1.7－2.4）＋（3－1.7） \qquad (4.2)$$

のように，偏差を水準平均と全体平均を利用して分解できることが確認でき

表 4.6 全体平方和の分割

(a) データ―全体平均

数式	文章	漫画
−1.4	0.6	−0.4
−0.4	1.6	−0.4
0.6	0.6	−0.4
−0.4	−0.4	−1.4
−0.4	0.6	−0.4
−1.4	−0.4	2.6
−0.4	−1.4	2.6
−1.4	0.6	1.6
−0.4	−1.4	0.6
−1.4	−0.4	2.6

(b) (データ―全平均) の 2 乗

数式	文章	漫画
1.96	0.36	0.16
0.16	2.56	0.16
0.36	0.36	0.16
0.16	0.16	1.96
0.16	0.36	0.16
1.96	0.16	6.76
0.16	1.96	6.76
1.96	0.36	2.56
0.16	1.96	0.36
1.96	0.16	6.76
全体平方和		**43.2**

(c) 水準平均―全平均

数式	文章	漫画
−0.7	0	0.7
−0.7	0	0.7
−0.7	0	0.7
−0.7	0	0.7
−0.7	0	0.7
−0.7	0	0.7
−0.7	0	0.7
−0.7	0	0.7
−0.7	0	0.7
−0.7	0	0.7

(d) (水準平均―全平均) の 2 乗

数式	文章	漫画
0.49	0	0.49
0.49	0	0.49
0.49	0	0.49
0.49	0	0.49
0.49	0	0.49
0.49	0	0.49
0.49	0	0.49
0.49	0	0.49
0.49	0	0.49
群間平方和		**9.8**

(e) データ―水準平均

数式	文章	漫画
−0.7	0.6	−1.1
0.3	1.6	−1.1
1.3	0.6	−1.1
0.3	−0.4	−2.1
0.3	0.6	−1.1
−0.7	−0.4	1.9
0.3	−1.4	1.9
−0.7	0.6	0.9
0.3	−1.4	−0.1
−0.7	−0.4	1.9

(f) (データ―水準平均) の 2 乗

数式	文章	漫画
0.49	0.36	1.21
0.09	2.56	1.21
1.69	0.36	1.21
0.09	0.16	4.41
0.09	0.36	1.21
0.49	0.16	3.61
0.09	1.96	3.61
0.49	0.36	0.81
0.09	1.96	0.01
0.49	0.16	3.61
群内平方和		**33.4**

ます。(4.2) 式の右辺の第1括弧は全体平均を中心とした場合の水準平均の
散らばり (表4.6 (c)) を，第2括弧は水準内でのデータの散らばり (表
4.6 (e)) をそれぞれ表現していることに注意して下さい。

　(4.2) 式の左辺の偏差の2乗和 (表4.6 (b)) は**全体平方和**と呼ばれる統
計量です。全体平方和は，(4.2) 式の右辺第1括弧の平方和 (表4.6 (d))
と第2括弧の平方和 (表4.6 (f)) の和として表現できるということが知ら
れています。

　今回のデータでは，

$$43.2 \text{（全体平方和）} = 9.8 \text{（群間平方和）} + 33.4 \text{（群内平方和）}$$

となります。今後は，右辺第1項の平方和を**群間平方和**，右辺第2項の平方
和を**群内平方和**と呼ぶことにします。群間平方和は水準平均の散らばりを，
群内平方和は水準内でのデータの散らばりを，それぞれ示す指標であること
を理解しておくことが重要です。

4.4.2 平均平方と自由度

　4.3.3項で解説したように，3つの母平均に差がある状況では，手元のデー
タについて，全体平均を中心としたときの水準平均の散らばりが，水準内の
データの散らばりよりも大きくなる可能性が高いといえます。群間平方和は
水準平均の散らばりの指標であり，群内平方和は水準内のデータの散らばり
の指標ですから，群内平方和に対して群間平方和が十分大きいとき，母集団
平均の差が示唆されると考えてもよさそうです。

　この方針で意思決定していくことに間違いはないのですが，一つ注意すべ
き点があります。それは，この平方和という指標は水準平均の散らばりや，
水準内のデータの散らばりの実態だけでなく，水準の数や水準内のデータ数
によっても影響を受け変動するということです。具体的には水準の数が増え
れば群間平方和は際限なく増加します。同様に水準内のデータ数が増えれば，
群内平方和も際限なく増加していきます。

コラム 4.2	平方和を自由度で割る意味（豊田，1994 を参照）

　実際には不可能ですが，完全無作為 1 要因デザインの実験を母集団全体に適用することを考えてみましょう。このとき母集団における群間平均平方と群内平均平方は理論的には次のようになることが知られています。

$$群間平均平方 = 水準平均の分散 + 群内の分散 \qquad (4.3)$$

$$群内平均平方 = 群内の分散 \qquad (4.4)$$

　ここで，群間平均平方を群内平均平方で割った結果が 1 になる状況を考えます。この状況とは，群間平均平方を構成する水準平均の（母集団）分散が 0 であり，水準間で母平均に差がない場合です。したがって，群間平均平方を群内平均平方で割った結果が 1 よりも大きいのならば母平均値差が生じていると解釈できます。

　母集団における群間平方和と群内平方和については理論的に次のようになることが知られています。

$$群間平方和 = df_1 \times 群間平均平方 \qquad (4.5)$$

$$群内平方和 = df_2 \times 群内平均平方 \qquad (4.6)$$

　両式は（4.3）式，（4.4）式左辺にそれぞれ群間平方和の自由度 df_1 と群内平方和の自由度 df_2 を掛けた値になっています。母集団分散の比較の観点からは，群間平方和の自由度と群内平方和の自由度が含まれている（4.5）式，（4.6）式は使いにくいです。したがって，（4.7）式を使うことで，自由度によらない形で（4.3）式と（4.4）式の比を推定するのです。

　分散分析では平方和の比較のために，群間平方和を水準数 − 1，群内平方和を水準数 ×（水準内のデータ数 − 1）で割ることで，水準数やデータ数の影響を受けない 2 つの平均平方に変換します。この分母の値（割る値）を**自由度**（degree of freedom; *df*）と呼びます（**コラム 4.2** も参照して下さい）。また計算結果をそれぞれ**群間平均平方**，**群内平均平方**と呼びます。群間平均平方を群内平均平方で割った値が **F 検定統計量**で，具体的には次式で表現されます。

$$F = \frac{群間平均平方}{群内平均平方} \tag{4.7}$$

　F 値が 1 よりも十分に大きければ（したがって *p* 値が十分小さければ），母集団で平均値差が存在する可能性が高いと判断できます。群間平方和に対応する自由度を df_1，群内平方和に対応する自由度を df_2 と表記します。図 4.2 では $df_2 = 12$ という条件で df_1 を変化させたときの *F* 分布を 3 つ描画しています。df_1 を分子の自由度，df_2 を分母の自由度と呼ぶこともあります。

4.5　対応のある 1 要因デザインの分散分析の理論

4.5.1　ブロック平方和と残差平方和

　対応のある 1 要因デザインでは同一ブロック（評定者）から複数回データを収集するため，評定に対するブロック（評定者）の影響（評定の甘さの変動等）を計算できるようになります。これにより 4.4.1 項で学んだ群内平方和を，さらにブロックによる平方和と，ブロックによって説明できない**残差平方和**（偶然等によるデータ変動）に分割することができます（**図 4.8**）。ブロック平方和は**個人差平方和**と呼ばれることもあります。

　表 4.7 に掲載されているように，ブロックごとの評定の平均を**ブロック平均**と呼びます。そして，ブロック平方和とは全体平均周りのブロック平均の散らばりです。具体的には（ブロック平均 − 全体平均）^{2} を算出しこれをブロック数 × 条件数分足しあげます（**表 4.7**）。ブロックによる平方和は**表 4.5**

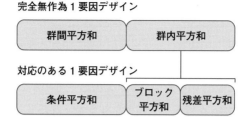

図 4.8 群内平方和の分割

対応のある1要因デザインでは，評定者あるいはブロックが全ての条件を経験するので「群」ではなく「条件」と表現します。群間平方和も条件平方和と表現します。

表 4.7 ブロック平方和計算過程

ブロック	数式偏差平方	文章偏差平方	漫画偏差平方	ブロック平均
1	1.138	1.138	1.138	1.333
2	0.538	0.538	0.538	1.667
3	0.160	0.160	0.160	2.000
4	1.960	1.960	1.960	1.000
5	0.538	0.538	0.538	1.667
6	0.871	0.871	0.871	3.333
7	0.871	0.871	0.871	3.333
8	0.360	0.360	0.360	3.000
9	0.071	0.071	0.071	2.667
10	2.560	2.560	2.560	4.000
計	9.067	9.067	9.067	

ブロック平方和＝9.067×3≒27.20

例：ブロック1の「数式偏差平方」「文章偏差平方」「漫画偏差平方」は

$$(ブロック1評定平均 - 全体平均)^2 = (1.333 - 2.4)^2 = 1.138$$

で求めています。

に記載されているように 27.2 になります。対応する自由度はブロック数−1
であることが知られています。表 4.5 では 10−1＝9 と計算されています。

4.5.2　F値の算出

　表 4.2 より同データの完全無作為 1 要因デザインでの群内平方和は 33.40，
自由度は 27 でした。このうちブロック要因の平方和が 27.20 なので残りの
6.20（＝33.40−27.20）が残差平方和となります。残差平方和の自由度（18）
は群内の自由度（27）−ブロックの自由度（9）で求めることができます。
4.2.2 項で述べたようにブロック要因は剰余変数です。これを統制した上で
実験要因の効果を検討するためには，ブロック要因が排除された残差の平均
平方と条件（群間）の平均平方を比較します。計算結果は表 4.5 に掲載され
ているように F 値は 4.9÷0.344＝14.23 をとり，p 値は完全無作為 1 要因デ
ザインのときよりも小さくなりました。ブロック要因を剰余変数として取り
上げ統計的に統制したことで検定の精度を上げることができました。

4.6　事後検定

　分散分析の F 検定が有意になったとしてもどの水準間で平均に差がある
のかを知ることはできません。そこで以下に説明する**多重比較法**（multiple
comparison）を利用し，全てのペアで母平均の差について検討します。

　多重比較とは群（あるいは条件）の組合せ数だけ 2 群の平均値差の検定を
繰返し実行する方法です。検定全体での有意水準を 5％とするならば，各分
析の有意水準を 5％よりも小さく設定した上で繰返し検定を行います。

　心理学研究で頻繁に利用される多重比較法は**テューキーの HSD**（Honestly
Significant Difference）**法**です。この方法では HSD という統計量を利用し，
任意のペアの標本平均の差の絶対値が HSD を超えた場合に有意と判断しま
す。完全無作為 1 要因デザインの分散分析では

表4.8 2つのANOVAにおける*HSD*

デザイン	群・条件数 (k)	群内・残差 平均平方	df	q臨界値 (α =0.05)	HSD
完全無作為1要因デザイン	3	1.237	27	3.51	1.235
対応のある1要因デザイン	3	0.344	18	3.61	0.670

表4.9 平均値差の絶対値

比較水準	数式と文章	数式と漫画	文章と漫画
平均値差	0.7	1.4	0.7

コラム4.3 F分布表とq分布表の参照法

　付表4と付表5はそれぞれ $\alpha = 0.05$, $\alpha = 0.01$ のときのF分布表です。F分布表とはt分布表と同様に臨界値を掲載した表です。図4.9に $\alpha = 0.05$ のときのF分布表の一部を抜粋しました。F値を求める際には分子の自由度 df_1 と分母の自由度 df_2 が必要となりましたが，この2つの自由度を座標値として，このF分布表から数値を1つ選択します。例えば $df_1 = 2$, $df_2 = 3$ ならば9.55を選択します。

　この値は臨界値ですから，手元で算出したF値が9.55を超えているのならば要因の効果は5%水準で有意であると判断できます。

　*HSD*を求める際に利用する付表6と付表7のq分布表も，F分布表と同様に臨界値が記載された表で（図4.10参照），群・条件の数（ k ）とF値の分母の自由度（ df ）という2つの情報を座標として臨界値を1つ選択します。

		df_1			
α=0.05	1	2	3	4	
	1	161.45	199.50	215.71	224.58
df_2 2	18.51	19.00	19.16	19.25	
3	10.13	9.55	9.28	9.12	
4	7.71	6.94	6.59	6.39	

		k			
α=0.05	3	4	5	6	
	2	8.331	9.799	10.881	11.734
df 3	5.910	6.825	7.502	8.037	
4	5.040	5.757	6.287	6.706	
5	4.602	5.218	5.673	6.033	

図4.9 F分布表の抜粋　　　　図4.10 q分布表の抜粋

$$HSD = q_{\alpha, k, df} \times \sqrt{\text{群内平均平方} \div \text{各群のデータ数}} \tag{4.8}$$

を，対応のある 1 要因デザインの分散分析では

$$HSD = q_{\alpha, k, df} \times \sqrt{\text{残差平均平方} \div \text{各条件のデータ数}} \tag{4.9}$$

を利用します。$q_{\alpha, k, df}$ は有意水準（α），群・条件の数（k），群内平方和の自由度，もしくは残差平方和の自由度（df）で決定される q 分布の臨界値です。この臨界値が記載された表が付表 6 です（コラム 4.3 参照）。付表 6 から両実験デザインの臨界値を $q_{0.05, 3, 27} = 3.51$，$q_{0.05, 3, 18} = 3.61$ とそれぞれ求めることができます。表 4.8 に 4.1 節と 4.2 節の分散分析における HSD を記載しています。また表 4.9 には「形式」の平均値差の絶対値を記載しています。完全無作為 1 要因デザインの HSD は 1.235 です。この基準を超えるペアは「数式と漫画」です。図 4.1 の平均値プロットから「漫画」の方が有意に好まれていると解釈できます。また対応のある 1 要因デザインの HSD は 0.670 です。この基準では全ての水準間で有意差が生じています。ブロック要因を導入することの効果が多重比較の結果にも現れています。

4.7　実践例で学ぶ分散分析 I ――完全無作為 1 要因デザイン

4.7.1　事 例 1

　ここからは実際の研究を例に分散分析の適用法について学んでいきましょう。コラム 4.4 に野内・兵藤（2007）の適用事例を掲載しました。学術雑誌には紙幅に限りがあるので，F 検定の結果は分散分析表にまとめるのではなく，文章中に「$F_{(2, 48)} = 10.19$，$p < .001$」のように簡潔に記載することがほとんどです。$F(\bigcirc, \bigcirc) = \bigcirc$ の部分は，F（群間自由度，群内自由度）$= F$ 値を意味しています。「$p < \alpha$」の部分は，F 値に対応する p 値が α よりも小さいということを意味しています。自由度計算のおさらいをしてみましょう。群間自由度は水準数 -1 ですから，$3 - 1 = 2$ です。また群内自由度は水

コラム 4.4　気分誘導の効果

　野内・兵藤（2007）では，ポジティブ気分，ネガティブ気分を誘導するために，クラシック音楽を実験参加者に聞かせるという処遇を行っています。例えばポジティブ気分誘導には「G 線上のアリア」，ネガティブ気分誘導には，「アランフェス協奏曲第 2 楽章アダージョ」等が利用されました。ポジティブ気分を誘導される群，ネガティブ気分を誘導される群，気分誘導されないニュートラル群の 3 群に，それぞれ 17 人ずつ実験参加者を無作為に割り当てています。この研究内の一つの分析としてポジティブ気分の誘導の効果を見るために，気分誘導法を要因（3 水準），ポジティブ気分尺度得点を従属変数として，完全無作為 1 要因デザインの分散分析を行ったところ，検定結果は，$F(2, 48) = 10.19$, $p < .001$ であり 0.1% 水準で要因の効果が見られています。ライアン法によって多重比較を行ったところポジティブ気分群での尺度得点の平均が 27.53 であり，ネガティブ気分群（22.00），ニュートラル気分群（20.76）よりも有意に大きな値でした。

コラム 4.5　衝動行動と刺激—反応課題でのパフォーマンスの関係

　山口・鈴木（2007）は衝動的行動のうち，放棄・パニック行動の尺度値が刺激—反応課題での誤反応（コミッションエラー）を説明するかを検討しています。放棄・パニック行動尺度得点に基づいて，実験参加者を得点高群（31 人），中群（33 人），低群（27 人）の 3 群に分類し反応課題を行ったところ，群の効果が見られました（$F(2, 88) = 3.37$, $p < .05$）。

　テューキーの HSD 法の結果，得点高群の標本平均は中群，低群よりも有意に高いことが明らかになりました。尺度値が高いほど，コミッションエラーが多く，尺度値が低いほどコミッションエラーが少ないという母集団の性質が示唆される結果となっています。

準数×（群内データ数−1）ですから，3×(17−1)＝48です。F値は高度に有意であり，次にライアン法という多重比較を採用しています。検定の結果，ポジティブ気分群においてポジティブ気分尺度得点の標本平均が有意に高かったことがわかりました。

4.7.2　事 例 2

　研究によっては各水準に同数の参加者を確保することが難しいことがあります。この場合，残差自由度の計算方法が変わります。コラム4.5は山口・鈴木（2007）によるアンバランスデザインの分散分析の実行例です。この実験では，尺度得点高群の参加者数が31人，中群の参加者数が33人，低群の参加者数が27人であり，データ数がアンバランスになっています。このとき，群内平方の自由度は全参加者数−水準数で定義されます。この例では全参加者数（91）−水準数（3）＝88となっています。F値は3.37であり5％水準で有意と判定されました。多重比較には前節で紹介したテューキーのHSD法を利用しています。高群と低群の間に有意差が存在していたとのことですから，分散分析の結果はこの両群の母平均値差の存在を示唆していると解釈できます。

4.8　実践例で学ぶ分散分析II──対応のある1要因デザイン

4.8.1　事 例 3

　山本・鈴木（2008）による1要因反復測定デザインの分散分析の適用例をコラム4.6に掲載します。反復測定を行う実験デザインでは本例のように事前テストを実施することが多いです。これは事前テスト時のパフォーマンスが比較のベースラインを与えるからです。分散分析の結果は有意であったので，テューキーのHSD法により平均値の多重比較を行っています。その結果，事前テストの平均値が他の時点よりも有意に低かったのですが，これがF検定を有意にしたと考えることができます。また実験開始後の3回の測定

コラム 4.6 　共同課題への取組みと親しみやすさの関係

　山本・鈴木（2008）では，共同課題への取組みを通じて参加者ペア間に親密性を高める実験操作を行っています。実験は1週間のインターバルで全3回実施されており，各実験の終了時にペアに関する親しみやすさの尺度値を測定しています。実験参加者は20ペア40人であり，そのうちの一方のペアの評定のみを分析に利用します。本実験では共同課題への取組みによって，自分のペアに対する親密性が増すかを，実験のタイミングを要因（3水準），親しみやすさの尺度得点を従属変数とした1要因反復測定デザインの分散分析によって検討しています。分散分析の結果，測定時期の効果は有意でした（$F(3, 57) = 11.91$，$p < .01$）。テューキーの HSD 法による多重比較の結果，事前テスト測定時の平均24.60よりも，第1回実験終了後（43.60），2回終了後（44.95），3回終了後（43.95）の平均が有意に大きい結果となりました。

コラム 4.7 　「波」に関する概念獲得の追跡

　高垣・田爪・降旗・櫻井（2008）は，波に関する物理現象を説明する単元の進捗に伴い，波が水面の水平方向への移動ではなく，波動の移動であることを理解する過程を1要因反復測定デザインで検討しています。具体的には「A：波に浮かぶボートは波とともに進む」「B：波に浮かぶボートは同じ位置で上下に運動する」という質問を，単元開始前の事前テスト，単元（6時間）終了後の事後テスト，その，3週間後の遅延テストにおいてそれぞれ提示し，1「（Aについて）とてもそう思う」，5「（Bについて）とてもそう思う」を両極とする5段階評定で回答させています。実験参加者は13人の高校3年生です。測定時期を要因，評定を従属変数とした1要因反復測定デザインの分散分析を行ったところ，効果は有意でした（$F(2, 24) = 8.69$，$p < 0.01$）。ライアン法による多重比較の結果，事前テストの平均（2.62）が有意に低い結果となりました（事後平均 = 3.92，遅延平均 = 3.85）。

コラム 4.8　クリシンしてみよう

問：統計の先生が授業中に次のように言っていましたが，これは本当でしょうか？

> 先生「対応のある 1 要因デザインを利用すると，分散分析の精度が常に向上する。したがって，完全無作為 1 要因デザインよりも，対応のある 1 要因デザインで実験計画を組むべきだ。」

答：先生の説明は「ある前提条件が揃ったときに正しい」と考えるべきしょう。以下に，対応のある 1 要因デザインを成功させるための前提について考察します。

　まず，1 要因反復測定デザインについて見てみましょう。このデザインでは同一評価者が全ての水準を経験します。評価者内でのデータの反復があるので，ブロック平方和が定義でき，個人特有の好みの偏りを剰余変数として実験から排除できるようになるということは先述した通りです。個人内で反復測定することは，評価者確保のコストも下がるということですから，利点ばかりのような気がします。

　しかし，各水準で評価者が取り組まなければならない課題が，精神的にも肉体的にも疲労を伴うものである場合を考えてみて下さい。例えば，息を止めてクレペリン検査を行う実験を 10 回連続で行うような状況です。このような実験では，評価者の反応の精度が実験の進度に伴って低下することが容易に想像できます。これは**疲労効果**（fatigue effect）による弊害です。このような状況で測定された従属変数には，実際には実験要因の効果があったとしても，それが反映されなくなります。したがって，疲労効果の被影響下にある従属変数を用いた F 検定の結果は信頼できません。実験をやり直す必要があります。

　以上のように，1 要因反復測定デザインで実験を行う場合には，疲労効果が生じないように十分配慮する必要があります。また，水準を受ける順番が，評価に影響する可能性もあります（**順序効果**（order effect））。水準を受ける順序についても無作為割り当てを行ったり，評価者の半分は水準 A → 水準 B，半分は水準 B → 水準 A のように，順序についてバランスをとる工夫が求められます。後者のような操作を**相殺**（counter balance）

と呼びます。相殺は統制法としては単純ですが有効で，実際の心理学研究でも頻繁に利用されています。以上のような問題に対して配慮が正しくなされたとき，このデザインについて先生の説明は正しいです。

　次に1要因ランダムブロックデザインの場合について考察します。ランダムブロックデザインは，剰余変数に基づき構成したブロックを利用しますから，精度の高い検定のためには，このブロック化の操作が適切に行われているという前提が求められます。ここで問題となるのが，ブロックとして取り上げた変数が，剰余変数として機能しているか？ということです。別の表現でいえば，ブロック要因は従属変数と相関を持っているのか？ということです。

　もし，構成したブロック要因が，従属変数と相関を持たなかったとします。この場合，各ブロック平均は，全平均を中心として狭い範囲で分布することになります。なぜなら，このブロック要因は従属変数と相関がないので，ある規則を持ってブロック化されていたとしても，各ブロックの平均は，ほとんどの場合，従属変数の全平均に対して，偶然誤差の範囲以上に分布しないからです。逆にブロック要因と従属変数に相関がある場合には，各ブロックの平均は従属変数の全平均に対して，偶然誤差の範囲以上に大きく分布するようになります。

　したがって，従属変数とブロック要因に相関がないのならば，ブロック平方和も，相関があるときと比較すればずっと小さくなります。ブロック平方和が小さいということは，残差平方和が大きい（群内平方和＝ブロック平方和＋残差平方和でした）ということですが，この場合には，F検定の結果は完全無作為1要因デザインの結果とほとんど変わらなくなります。苦労してブロック化しても報われないのです。

　したがって，適切なブロック要因を指定でき，かつ適切にブロック化が行われたという前提のもとで，先生の説明はなされていると解釈しなければなりません。

時点における平均値差は有意ではありませんでした。一度形成された親しみ
やすさは同じ水準で維持される傾向も示唆されています。

　条件の自由度は水準数−1ですから，4−1＝3になっています。また残差
の自由度は，群内の自由度−ブロックの自由度ですから，4 (20−1)−(20−
1)＝76−19＝57 と求められます。

4.8.2　事 例 4

　高垣・田爪・降旗・櫻井（2008）による 1 要因反復測定デザインの分散分
析の適用例をコラム 4.7 に掲載します。こちらも 4.8.1 項のように時期を要
因とした反復測定デザインになっており，事前テストも行っています。分散
分析の結果は有意であり，事後検定として選択されたライアン法による多重
比較の結果，事前テストの平均 2.62 のみが有意に低いという結果でした。
事後テストの平均は 3.92，遅延テストの平均は 3.85 ですから，学習前は多
くの学生が「A：波に浮かぶボートは波とともに進む」という直感的な誤回
答をしていたことがわかります。本例に限ったことではないのですが，この
実験デザインにはブロック要因の平均平方も存在しています。しかし論文中
に関連する結果が記述されていません。分散分析表を掲載しない場合には，
興味のある要因以外の F 値の情報が論文中に報告されることは少ないよう
です。

4.9　分散分析における効果量

4.9.1　完全無作為 1 要因デザイン

　分散分析を利用した場合にも，サンプルサイズによらない実質的な要因の
影響を把握するための標本効果量が考案されています。代表的な標本効果量
は $\hat{\eta}^2$（イータ 2 乗）です。この指標は，従属変数の分散のうち，要因（独
立変数）が説明できる割合，すなわち分散説明率の推定値です。割合ですか
ら上限は 1，下限は 0 となります。コラム 4.9 の (4.10) 式にこの指標の算

コラム 4.9	**1 要因デザイン分散分析の効果量** （大久保・岡田，2012 を参考に作成）

完全無作為 1 要因デザイン分散分析で利用できる効果量

1. $\hat{\eta}^2$（イータ 2 乗）

$$\hat{\eta}^2 = \frac{群間平方和}{全体平方和} = \frac{9.8}{43.2} = 0.227 \tag{4.10}$$

2. $\hat{\omega}^2$（オメガ 2 乗）

$$\hat{\omega}^2 = \frac{df_1\left(群間平均平方 - 群内平均平方\right)}{全体平方和 + 群内平均平方} = \frac{2\left(4.9 - 1.237\right)}{43.20 + 1.237} = 0.165 \tag{4.11}$$

報告例

「〜有意な効果が見られた（$F(2, 10) = 23.5$，$p < 0.05$，$\hat{\omega}^2 = 0.25$）。」

対応のある 1 要因デザイン分散分析で利用できる効果量

1. $\hat{\eta}^2$（イータ 2 乗）

$$\hat{\eta}^2 = \frac{条件平方和}{全体平方和} = \frac{9.8}{43.2} = 0.227 \tag{4.12}$$

2. $\hat{\eta}_p^2$（偏イータ 2 乗）

$$\hat{\eta}_p^2 = \frac{条件平方和}{条件平方和 + 残差平方和} = \frac{9.8}{9.8 + 6.2} = 0.613 \tag{4.13}$$

3. $\hat{\omega}^2$（オメガ 2 乗）

$$\hat{\omega}^2 = \frac{df_1\left(条件平均平方 - 残差平均平方\right)}{全体平方和 + ブロック平方和} = \frac{2\left(4.9 - 0.344\right)}{43.2 + 6.2} = 0.184 \tag{4.14}$$

4. $\hat{\omega}_p^2$（偏オメガ 2 乗）

$$\hat{\omega}_p^2 = \frac{df_1\left(条件平均平方 - 残差平均平方\right)}{df_1 条件平均平方 + \left(n - df_1\right) 残差平均平方} = \frac{2\left(4.9 - 0.344\right)}{2 \times 4.9 + \left(10 - 2\right) 0.344} = 0.726 \tag{4.15}$$

出法と冒頭のデータにおける適用例が記載されています。$\hat{\eta}^2$ の値から，教科書の「形式」は使いやすさの評定値の分散を 22.7% 程度説明していると推測できます。この指標はサンプルサイズが小さい場合に母集団の説明率を過大評価する性質があることが知られています。この性質を抑えた指標として $\hat{\omega}^2$（オメガ2乗）があります。コラム 4.9 の（4.11）式にこの指標の算出法と適用例を掲載しました。$\hat{\omega}^2$ は 0.165 であり $\hat{\eta}^2$ を下方修正する結果となりました。

　心理学系の論文では $\hat{\eta}^2$ を報告している例が多いですが，$\hat{\omega}^2$ を報告する例も見られます。論文中に報告する際には p 値の後に記載するとよいでしょう（コラム 4.9 報告例を参照）。

4.9.2　対応のある1要因デザイン

　このデザインのもとでも $\hat{\eta}^2$ と $\hat{\omega}^2$ が利用できます。また，このデザインでは剰余変数であるブロック要因の影響を統制しているので，ブロック要因によるデータ変動を取り除いたという前提での効果量を考察することにも大変意義があります。この指標が $\hat{\eta}_p^2$（偏イータ2乗，（4.13）式）と $\hat{\omega}_p^2$（偏オメガ2乗，（4.15）式）です。ブロック要因によって説明できないデータ変動については，教科書の「形式」という要因は評定に対して少なくとも 0.6 以上の説明率を持っていると解釈できます。

参 考 図 書

山田 剛史・村井 潤一郎（2004）．よくわかる心理統計　ミネルヴァ書房
　本章よりも，もう少し手続き的に，かつ詳細に1要因の分散分析について論じてあります。併せて読んでみることをおすすめします。
南風原 朝和（2002）．心理統計学の基礎──統合的理解のために──　有斐閣
　本章よりも，より理論的に，かつ詳細に1要因の分散分析について論じています。山田・村井（2004）を読みこなせた読者におすすめです（実験デザインの呼称や分類に関して，本章ではこの文献の説明を利用しています）。

森 敏昭・吉田 寿夫（編著）（1990）．心理学のためのデータ解析テクニカルブッ
　　ク　北大路書房

　心理系の分散分析の教科書として普及しています。理論と手続きが詳細に記載さ
れています。山田・村井（2004）を読みこなせた読者におすすめです。事後検定に
関する記載が豊富です。

南風原 朝和・市川 伸一・下山 晴彦（編）（2001）．心理学研究法入門——調査・
　　実験から実践まで——　東京大学出版会

　実験計画に関する重要な概念が大変簡潔にわかりやすくまとめられています。実
験計画が分散分析と密接な関係にあることが理解できると思います。山田・村井
（2004）を読みこなせた読者に最適です。

大久保 街亜・岡田 謙介（2012）．伝えるための心理統計——効果量・信頼区間・
　　検定力——　勁草書房

　近年，心理学研究においても報告されることの多くなった効果量についてわかり
やすく記述されたテキストです。卒業論文・修士論文を含めて，本格的に論文の執
筆を計画している場合には，事前に一読しておくことを強くおすすめします。

キーワード

完全無作為 1 要因デザイン，要因，分散分析，分散分析表，F 値，F 分布，F 検定，
1 要因反復測定デザイン，ブロック，ブロック化，1 要因ランダムブロックデザイ
ン，対応のある 1 要因デザイン，従属変数，独立変数，要因，水準，剰余変数，
交絡，統制，効果，1 群事前事後デザイン，内的妥当性，統制群，実験群，事後検
定，全体平方和，群間平方和，群内平方和，自由度（df），群間平均平方，群内平
均平方，F 検定統計量，残差平方和，ブロック平方和，個人差平方和，ブロック平
均，条件平方和，多重比較法，テューキーの HSD 法，q 分布，疲労効果，順序効
果，相殺，$\hat{\eta}^2$（イータ 2 乗），$\hat{\omega}^2$（オメガ 2 乗），$\hat{\eta}_p^2$（偏イータ 2 乗），$\hat{\omega}_p^2$（偏
オメガ 2 乗）

第 **5** 章

実験計画と分散分析 2

　第 4 章では従属変数に影響を与える要因が 1 つと仮定した上で，その影響を分散分析で評価する方法を学びました。実際の心理学研究では，従属変数に影響を与えると仮定される要因は 1 つとは限りません。本章では要因数が 2 つの場合に限定して，多要因の分散分析の基礎理論について解説します。

5.1　2 要因分散分析を体験する

5.1.1　完全無作為 2 要因デザイン

　あるビール醸造所が，それぞれ製法の異なる「ラガー」「エール」「スタウト」の 3 スタイルの製品を試作しました。市場への投入に先立ち，「製法」の違いによって，母集団における「好みの評定」に差があるかを確認したいと考えています。さらに「グラス」で提供するか，「ボトル」のまま提供するかによって評定が変化するかについても興味があります。好みの評定は 10 点を最高点とする段階評価で行います。実験参加者（評価者）30 人を母集団から無作為に抽出し，2 つの提供法のもとで「ラガー」「エール」「スタウト」を試飲する 3 群にそれぞれ 5 人ずつ無作為に割り当てました。表 5.1 に試飲結果の評定値を掲載します。

　この実験計画では評定に影響すると想定される要因が「製法」と「提供法」の 2 であり，2 要因の水準の組合せが定義されます。この水準の組合せのことを**セル**（cell）と呼びます。例えば，製法が「ラガー」で提供法が「グラス」というセルには，5 人の評定者が無作為に割り当てられています。このようなデータの測定を行う実験デザインを**完全無作為 2 要因デザイン**（two-way completely randomized design）と呼びます。

5.1.2　分散分析表

　完全無作為 2 要因デザインの分散分析表を表 5.2 に掲載しました。「製法」と「提供法」の要因の情報が記載されています。F 値に対応する p 値が 0.000 ですから，少なくとも 5％水準で有意です。この場合，「製法」と「提供法」はおいしさの評定に対して，それぞれ単独で有意な影響を持っていると解釈することができます。この影響は**主効果**（main effect）と呼ばれます。また「製法×提供法」という要因も記載されています。これは**交互作用**（interaction）と呼ばれる要因で，要因数が 2 つ以上になったことで生じ得るものです。交互作用の効果は**交互作用効果**（interaction effect）と呼ばれ

表5.1　ビールのおいしさの評定結果

提供法	評価者ID	ラガー	評価者ID	エール	評価者ID	スタウト
	5	10	9	5	7	7
	25	9	14	6	27	6
	26	10	12	7	11	7
グラス	30	9	1	6	6	6
	24	10	19	7	21	6
	平均値	9.6		6.2		6.4
	SD	0.548		0.837		0.548
	18	6	15	6	17	7
	16	5	23	6	3	6
	2	7	22	5	29	6
ボトル	20	6	10	5	28	5
	13	9	8	5	4	5
	平均値	6.6		5.4		5.8
	SD	1.517		0.548		0.837

表5.2　完全無作為2要因デザインの分散分析表

要因	平方和	自由度	平均平方	F値	有意確率
製法	31.267	2	15.633	20.391	0.000
提供法	16.133	1	16.133	21.043	0.000
製法×提供法	8.867	2	4.433	5.783	0.008917
誤差	18.4	24			
合計	74.667	29			

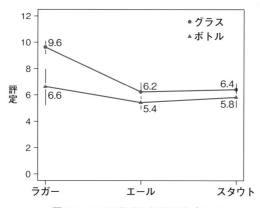

図5.1　セル平均値と標準偏差プロット

ます。「製法×提供法」の F 値は 5.783 であり，かつ対応する p 値は 0.009
であることから，5％水準で交互作用効果は有意です。図 5.1 の評定平均の
プロットを参照すると，ラガーをグラスで試飲したグループの平均（9.6）
が特に高くなっています。「ラガー」と「グラス」という組合せが，おいし
さの評定に相対的に強く影響したため，交互作用効果が有意になったと考え
られます。この考察が正しいかについては，さらに事後検定が必要になりま
す（5.6.2 項を参照）。

5.2　完全無作為 2 要因デザインの分散分析基礎用語

5.2.1　主 効 果

　先述したように，完全無作為 2 要因デザインの分散分析では要因数が 2 つ
になります。図 5.2 の例では，単方向の矢印がついた線分によって，従属変
数が要因 A の主効果と要因 B の主効果を受けている状況が表現されていま
す。

　主効果とは，その他の要因を考慮しない，その要因単独の効果です。従属
変数の変動について，各要因の独自の寄与について知ることができます。例
えば，「製法」の主効果が有意で，「提供法」の主効果が有意でないならば，
従属変数に対して単独で有意な効果を持っているのは「製法」と解釈するこ
とができます。この解釈には，「提供法」の情報は全く含まれません。

　現在，非常に多くの統計手法が考案されていますが，従属変数に対する独
立変数の独自の寄与を評価できる方法は限られています。独立変数の寄与を
評価できるということは，結果の解釈のしやすさという点からは，非常に大
きな利点となります（6.4.3 項の偏回帰係数の解釈も参照して下さい）。

5.2.2　交互作用効果

　図 5.3 には交互作用の存在を仮定した 2 要因分散分析の状況が描画されて
います。主効果と同じく交互作用効果についても，その効果を評価すること

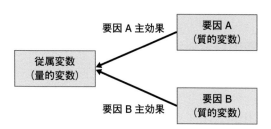

図 5.2　2 要因の主効果のみを仮定する分散分析（交互作用効果を仮定しない）
矢印の向きは研究者による仮説に基づく説明・被説明関係を表現しています。

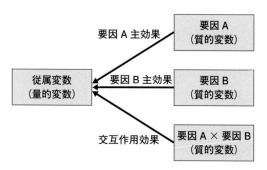

図 5.3　2 要因の主効果と交互作用効果を仮定する分散分析

ができます。研究によっては交互作用効果の解釈に興味が置かれる場合があります。ビールが最もおいしいと評価される「製法」と「提供法」の特定の組合せがわかれば，商品開発部の担当者はとても助かるでしょう。モデルに交互作用効果を含めるか否かは分析者の判断にゆだねられています。

5.3　2要因分散分析の検定仮説

　2要因分散分析における主効果に関する検定仮説について理解するためには，表5.3の「母集団の**セル平均**」が役に立ちます。ここでは冒頭のビールの好みに関する調査における要因と水準数を例に説明します。

5.3.1　主効果

　表5.3には3×2個のセルにおける母平均（薄い青色の部分）と，一方の要因の水準を併合したときの，他方の要因の各水準における母平均（周辺平均）が記載されています。私たちはこれらの母平均間の差について，標本のデータから推測しようとしています。この表をもとに主効果の帰無仮説について説明します。まずは要因Aから見ていきます。要因Aの主効果がないという帰無仮説は，濃い青色の部分の母平均（周辺平均）を利用して，表5.4の（5.1）式（$\mu.1 = \mu.2 = \mu.3$）で表現されます。つまり要因Bの水準（B1とB2）の区別をなくしたときの要因Aの各水準の母平均間に差がないということです。同様に，要因Bの主効果が存在しないという帰無仮説は表5.4の（5.2）式（$\mu 1. = \mu 2.$）で表現されます。つまり要因Aの水準（A1，A2，A3）の区別をなくしたときの要因Bの各水準の母平均間に差がないということです（表5.3の濃いグレーの部分の周辺平均に差がないということ）。帰無仮説が理解できれば，対立仮説も容易に理解できます。要因Aについては，1つでも等号が成り立っていない部分があれば，それが対立仮説になります。例えば表5.4の（5.3）式と（5.4）式は，どちらも対立仮説に含まれます。

表 5.3　母集団のセル平均

	A1	A2	A3	周辺平均
B1	$\mu 11$	$\mu 12$	$\mu 13$	$\mu 1.$
B2	$\mu 21$	$\mu 22$	$\mu 23$	$\mu 2.$
周辺平均	$\mu .1$	$\mu .2$	$\mu .3$	μ（＝全平均）

注：例えば，4 行 2 列目の「$\mu .1$」というのは，要因 B の水準を併合した
ときの，要因 A の水準 1 の母平均を表現しています。つまり，B1 か B2
かは無視して，要因 A の A1 水準の母平均に注目しているということです。

表 5.4　2 要因分散分析の検定仮説

要因	仮説を表現する式	
要因 A の帰無仮説	$\mu .1 = \mu .2 = \mu .3$	(5.1)
要因 B の帰無仮説	$\mu 1. = \mu 2.$	(5.2)
要因 A の対立仮説の例	仮説 1：$\mu .1 \neq \mu .2 = \mu .3$	(5.3)
	仮説 2：$\mu .1 \neq \mu .2 \neq \mu .3$	(5.4)
交互作用効果の帰無仮説	全ての i と j について $\mu i. + \mu .j - \mu ij = \mu$ が成り立つ μij はセル平均	(5.5)
交互作用効果の対立仮説	(5.5) 式の関係が，少なくとも 1 つの セルで成り立たない	(5.6)

注：表 5.7 のケース（要因 A の水準数 3，要因 B の水準数 2 の場合）を想
定しています。

5.3.2 交互作用効果

i を要因 B の水準，j を要因 A の水準とした場合，交互作用効果の帰無仮説は表 5.4 の (5.5) 式 ($\mu i. + \mu.j - \mu ij = \mu$) で与えられます。交互作用効果が存在する場合は，特定のセルで ($\mu i. + \mu.j + \beta ij - \mu ij = \mu$) が成り立っています。$\beta ij$ はセルの交互作用効果です。したがって (5.5) 式の結果が μ とならない場合には，0 でない βij が存在することになります。そのようなセルが 1 つでもあることが対立仮説となります（表 5.4 の (5.6) 式）。

5.4　各種効果と母平均プロット

5.4.1　主効果の母平均プロットによる理解

図 5.4 を見て下さい。このプロットは要因 B の主効果のみが存在する場合の母平均プロットです。標本平均のプロットでないことに注意して下さい。要因 B の主効果とは，B1 における A1，A2 を併合した平均と，B2 における A1，A2 を併合した平均の差です。この例では，B1 で，1（＝A1）＋1（＝A2）÷2＝1，B2 で 3（＝A1）＋3（＝A2）÷2＝3 ですから，その差は絶対値で 2（＝1－3）であり，確かに主効果が確認されました。一方，このプロットでは，要因 A の主効果は存在しません。すなわち，A1 において 1（＝B1）＋3（＝B2）÷2＝2，A2 において 1（＝B1）＋3（＝B2）÷2＝2 であり，その差は 0 です。

5.4.2　交互作用効果の母平均プロットによる理解

図 5.4 のプロットでは交互作用効果は存在していません。(5.5) 式の左辺（$\mu i. + \mu.j - \mu ij$）と表 5.5 のセル平均を使って各セルの交互作用効果を確認した結果が表 5.7 です。表 5.7 では，全平均 μ（＝2）と各セルの平均が全て一致しており交互作用効果が全セルで 0 であることがわかります。つまり，5.3.2 項で説明した関係が成り立っています。実は交互作用効果の存在に関しては，もっと簡単に判断することができます。図 5.4 を参照すると，2 つ

　主効果や交互作用効果が有意であることをセル平均との対応から視覚的に理解
しておくことはとても大切です。話を単純にするために，2要因で各要因の水準数
が2の場合（2×2の場合）について見てみましょう。

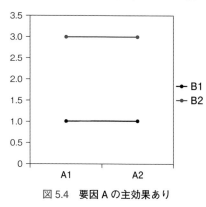

図5.4　要因Aの主効果あり　　　　図5.5　両主効果なし・交互作用効果あり

表5.5　母集団のセル平均①

	A1	A2	平均
B1	1	1	1
B2	3	3	3
平均	2	2	2

表5.6　母集団のセル平均②

	A1	A2	平均
B1	3	1	2
B2	1	3	2
平均	2	2	2

表5.7　交互作用効果の確認①

	A1	A2	平均
B1	2	2	2
B2	2	2	2
平均	2	2	2

表5.8　交互作用効果の確認②

	A1	A2	平均
B1	1	3	2
B2	3	1	2
平均	2	2	2

の直線は平行にプロットされていることがわかります。(5.5) 式が成り立つ場合には，必ず直線は平行になります。一方，**図5.5**では直線が平行ではありませんから，交互作用効果が存在していることになります。**表5.6**のセル平均を用いて交互作用効果を確認した結果が**表5.8**です。全平均 μ（＝2）と各セルの平均は異なっています。セルA1B1では平均が1になっているので，この部分の交互作用効果は＋1となります。一方，A1B2では平均が3ですから，この部分の交互作用効果は－1となります。

5.5　分散分析表の成り立ち

　完全無作為2要因デザインの分散分析の概念図を**図5.8**に掲載します。このデザインでは全体平方和を2つの主効果，交互作用効果そして誤差平方和によって説明します。誤差平方和は完全無作為1要因デザインの群内平方和

コラム 5.1　　クリシンしてみよう

問：英語文法の新しい教授法を開発し，その効果を確認することにします。クラス1に新学習法，クラス2に旧学習法を実施し，その後，英語文法テストを併せて実施しました。その平均点を**図5.6**にプロットしました。各クラスの人数は50人で等しいという状況です。学習法の効果を検討するために，このデータに対して独立な2群のt検定（3.2節）を適用することを考えます。独立変数は「学習法」（新，旧），従属変数は「英語文法テスト」です。**図5.6**のプロットが母平均でも成り立っていたとして，「学習法の効果は存在しない」と解釈することには問題はないでしょうか。前節で学んだ交互作用効果の概念を利用して，この解釈を批判してみて下さい。

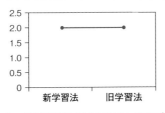

図5.6　**2つの学習法におけるテスト平均プロット**

答：上述の問いは，主効果が存在しなくても，交互作用効果が存在する例を挙げればよいでしょう。図5.6の分析結果は，学習法の効果のみについて解釈しているのですが，50人で構成される各クラスには様々な性質を持った生徒がいます。例えば勉強に対する動機づけが高い生徒と低い生徒に分けたとき，各学習法における数学テストの平均が図5.7のようになったとします（母平均のプロットも同様だとします）。このプロットでは，図5.5の解釈と同様に，「学習法」（新，旧）の主効果と「動機づけ」（高群，低群）の主効果はそれぞれ0です。一方で，プロットが平行ではないので，交互作用効果は存在します。この例では，「動機づけ」が高い生徒には旧学習法が，「動機づけ」が低い学生には新学習法が正の効果を持っています。学習法の効果を検討するような状況では，その主効果にのみに関心が集中してしまいがちです。しかし，各学習法が十分に効果を発揮するための生徒側の適性がある場合に，その適性の違いを無視することで，図5.6のように学習法の効果が示唆されない結果を導いてしまう危険性があります。上述のように，学習者によって学習法の効果が異なることを，クロンバック（Cronbach, L. J.）は**適性処遇交互作用**（Aptitude Treatment Interaction; ATI）と呼びました。学習法の効果を考える際には，学習法という要因の主効果だけではなく，学習者の適性も含めた交互作用効果も考慮するとよいでしょう。

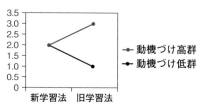

図5.7 **学習法と動機づけによるテスト平均プロット**

に相当します。

5.5.1　誤差平方和

　誤差平方和の定義式は，1 要因デザインと同様に，各データが所属する水準の平均との偏差の 2 乗和を全水準分合計したものです（4.4.1 項参照）。2 要因デザインの場合には，水準ではなく，セルで考えなければならないので，各データとセル平均の偏差の 2 乗和を全セル分合計したものが誤差平方和になります。表 5.9 にセル平均を，表 5.10 に各データとセル平均の偏差の 2 乗を記載しました。例えば表 5.10 の青色の値は，表 5.1 から「グラス」で「エール」を評価した ID12 番の評価者を表現しており評定値は 7 です。セル平均は 6.200 ですから，$(7-6.200)^2 = 0.64$ と表中の数値が再現されます。全評価者について同様の計算を行い，その結果の和を計算すると，18.400 となります。表 5.2 を見ると，この数値は分散分析表中の平方和に一致しています。

5.5.2　主効果と交互作用効果の平方和

　主効果の平方和は，全体平均の周りで，他方の要因の水準を併合したときの当該の要因の水準平均の散らばりとして表現されます。例えば，製法の平方和は，提供法の水準を併合したときの水準平均（表 5.9 参照），8.1，5.8，6.1 の全体平均（6.667）周りでの散らばり具合です。具体的には，「ラガー」の全平均からの偏差の 2 乗和は $(8.1-6.667)^2 \times 10 = 20.535$ になります（10 は製法に関わらずラガーを評定した人数）。「エール」「スタウト」に関しても同様の計算を行い（7.517，3.215），和をとると 31.267 になります。これは表 5.2 の製法の平方和に一致します。提供法についても同様の方法で表 5.2 の平方和（16.133）を求めることができます。最後に交互作用効果の平方和の求め方について解説します。最初に各セル平均が全体平均 6.667 の周りでどの程度散らばっているかに関する指標を求めます。例えば，「ボトル」で提供される「スタウト」の偏差の 2 乗和は表 5.9 から $(5.8-6.667)^2 \times 5 =$

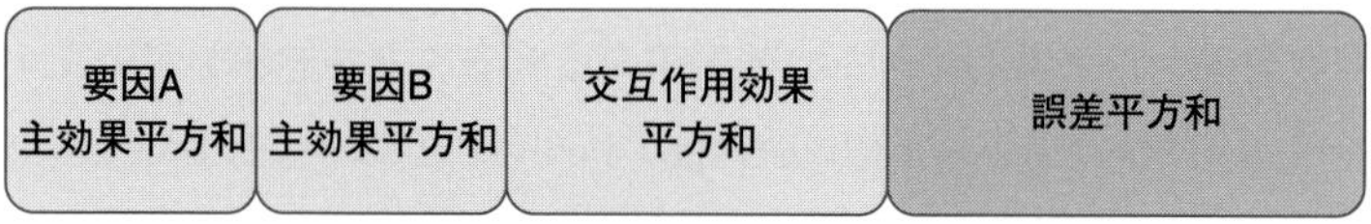

図 5.8 完全無作為 2 要因デザインの分散分析の概念図

表 5.9 セ ル 平 均

	ラガー	エール	スタウト	平均
グラス	9.600	6.200	6.400	7.400
ボトル	6.600	5.400	5.800	5.933
平均	8.100	5.800	6.100	6.667

表 5.10 誤差平方和の算出過程 （データとセル平均の偏差 2 乗）

	ラガー	エール	スタウト
	0.16	1.44	0.36
	0.36	0.04	0.16
グラス	0.16	0.64	0.36
	0.36	0.04	0.16
	0.16	0.64	0.16
	0.36	0.36	1.44
	2.56	0.36	0.04
ボトル	0.16	0.16	0.04
	0.36	0.16	0.64
	5.76	0.16	0.64

3.758 です（5 はボトルで提供されるスタウトを評定した人数）。これを全セル（6 セル）で計算し，その和をとると 56.267 となります。これを**セルの平方和**と呼びます。交互作用効果が存在するということは，そのセル平均には，2 つの主効果のみで説明できない効果が含まれることを意味しています。これは，先ほど求めたセルの平方和 56.267 のうち，2 つの主効果で説明できない部分が交互作用効果による平方和であることも含意しています。具体的には，56.267（セル平方和）－31.267（要因 A 平方和）－16.133（要因 B 平方和）＝8.867 が交互作用平方和となります（**表 5.2**）。

　求めた平方和を**表 5.2** に記載されている自由度で割り，平均平方を求めます。各効果の平均平方を誤差の平均平方で割ることで検定に利用する *F* 値が定義できます。また，要因 A，B の主効果の自由度は水準数－1 で求められます（3－1＝2，2－1＝1）。交互作用効果の自由度は要因 A と要因 B の主効果の自由度の積です（2×1＝2）。全体平方和の自由度はサンプルサイズ－1（＝30－1＝29）であり，それから全効果の自由度の和を引いたものが誤差の自由度です（29－2－1－2＝24）。

コラム 5.2　　クリシンしてみよう

問：東京の英語学校に通う学習者の学習時間と母語の違いが，英語テストのスコアに影響するかについて完全無作為 2 要因デザインの分散分析によって検討することにしました。S 英語学校に通う学習者への調査の結果，1 カ月の勉強時間の平均から，平均以上の勉強時間の学習者を学習時間高群，平均未満の勉強時間の学習者を学習時間低群に分類しました。さらにその中で中国母語話者，日本母語話者，ヒンディー母語話者のそれぞれで，学習時間高群が 15 人，低群が 15 人存在するように生徒を割り当てました。その結果，各母語で 30 人，全体で 90 人のデータを使用することになりました。このデータに分散分析を適用しようとしたら，大学のゼミの先生に，「学習時間の群分けの方法に問題があるから再度検討してきなさい」と言われました。何がいけなかったのでしょうか。

答：標本平均で分類するということは，その値が母平均の推定値として妥当かという問題があります。図 5.9 を参照して下さい。濃い青色のヒストグラムがこの 90 人のデータの学習時間を，薄い青色の部分が，その他の全ての英語学校の生徒の学習時間を表現していることとします（実際にはもっと人数がいると思います）。この図からわかるように，S 英語学校の学習時間の平均は，全体平均に対して明らかに高くなっています。S 英語学校内で求めた平均を利用して高群・低群に分類した結果は，英語学校全体でいえばどちらも高群といえるでしょう。したがって，S 英語学校のデータの分析結果のみで，学習時間の一般的な主効果に言及することはできません。仮に主効果があったとしても，それは S 英語学校でいえることとして慎重な解釈をすべきです。

　分散分析は独立変数が質的変数であることを求めるので，もともとは量的変数であったとしても，これを一度，質的変数に変換する必要が生じてきます。この変換にどういう方法を利用するかは分析者に任されているので，この点に統計の誤用が生じる余地があります。より客観的に群分けを行う方法として，クラスター分析が利用できます。クラスター分析とは，複数の変数を利用して，参加者をいくつかのグループ（クラスター）に分類していく方法です。この方法を利用することで，確かに機械的な分類が可能になるのですが，どういう観点で参加者が 1 つのクラスターにまとまるかは，通常，研究者には未知です。今回の例でいえば，学習時間高群，低群に都合よく参加者が分類されるという保証は全くありません。また，図 5.7 のように母集団から偏った集団からデータを測定した場合には，その分類結果も，母集団全体に一般化することはできません。どのような群分けの方法を利用するにしても，まずは手元の標本が母集団を十分代表しているかについての確認が重要です。

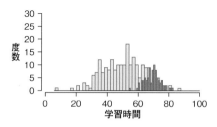

図 5.9　1 カ月の学習時間のヒストグラム
薄い青色＝英語学校全体，濃い青色＝S 英語学校。

5.6　実践例で学ぶ2要因分散分析

5.6.1　事例1——結果の表記の仕方

　コラム5.3に勝間・山崎（2008）による分散分析の適用例を紹介していま
す。この研究では「性別」と「学年」という2要因によって，関係性攻撃の
尺度得点を説明するモデルを立てています。図5.10を参照すると，性別間
ではほとんど平均値差がないので，性別の主効果がないことが推察されます。
また，2つの折れ線もほとんど平行に近い状態です。交互作用効果がない可
能性が高いようです。一方で，性別を併合したときの5年生の平均点は相対
的に高く，学年の主効果は存在する可能性があります。

　しかし，このプロットはあくまでも標本平均を使って描画されたものです
から，偶然この結果になったのではないかという指摘に対して，このままで
は反論できません。そこで完全無作為2要因デザインの分散分析を適用した
結果，予想通り，学年の主効果のみが有意でした。また性別の主効果と交互
作用効果はそれぞれ有意ではありませんでした。

　完全無作為1要因デザインの分散分析と同様に，分析結果を報告する場合
には「0%水準で有意であった（$F(df_1, df_2) = F$ 値，$p < \alpha$）。」のように，検
定結果を記述した文章の最後に数値情報を挿入します。$F(df_1, df_2)$ の df_2 に
は誤差の自由度を，df_1 には誤差と比較する効果の自由度を記載します。慣
れてくると，2つの自由度だけでデザインの概要が把握できるようになりま
す。自分の専門外の分野の論文を読む際には，この自由度を参照して実験デ
ザインを把握しておくことで，状況の読解が促進される場合もあります。そ
のような使い方をする人が存在することにも配慮して，自由度は正確に表記
することを心がけて下さい。この例では，学年の自由度は2（=3-1），性別
の自由度は1（=2-1），交互作用効果の自由度は2（=2×1）です。全体の
自由度は243-1=242ですから，この値から，全要因の自由度を引いた値が
$df_2 = 237$（=242-1-2-2）となります。

コラム 5.3　児童の性別と学年が攻撃行動を説明するか？

　勝間・山崎（2008）は，「関係性攻撃」が，児童の性別と学年によって
どのように説明されるかを，分散分析を用いて検討しています。

　彼らの調査では，4 年生 128 人（男子 64 人，女子 64 人），5 年生 55 人
（男子 28 人，女子 27 人），6 年生 60 人（男子 30 人，女子 30 人）の計 243
人から回答が得られています。本研究の実施に当たっては，信頼性と妥当
性が確認された「関係性攻撃尺度」が作成されており，この尺度を利用し
て，自己評定による尺度得点と仲間評定による尺度得点が，同一児童から
得られています。ここでは自己評定に関して，性別と学年を要因とした分
散分析の結果を説明します。分析の結果，学年の主効果が 1％水準で有意
でした（$F(2, 237) = 10.11, p < 0.01$）。学年は 3 水準ありますので，第 4
章で学んだ多重比較法（ここではシェフェ法を利用しています）によって，
性別をプールした学年間の平均値の差を検定したところ，4 年生，6 年生
よりも 5 年生の平均が有意に高い結果となりました（図 5.10 参照）。一方，
性の主効果と交互作用効果はそれぞれ有意ではありませんでした（$F(1,
237) = 0.86, p > 0.05, F(2, 237) = 2.06, p > 0.05$）。

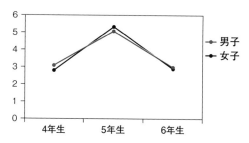

図 5.10　「関係性攻撃尺度得点」の平均プロット（勝間・山崎，2008）

5.6.2　事例 2——単純主効果の検定

　コラム 5.4 では細越・小玉（2006）による完全無作為 2 要因デザインの適
用例を紹介しています。この研究では，ストレス事態における対処方略のう
ち，「社会的支援を求める傾向」を尺度得点化したものを分析の従属変数と
しています。独立変数の一つはストレス事態に関する性格特性（説明のため
にこう呼びます）で，「対処的悲観者群」と「方略的楽観者群」の 2 水準で
構成されています。対処的悲観者とは，悲観的思考により不安を統制するタ
イプ，方略的楽観者とは，楽観的思考により不安を統制するタイプの人をそ
れぞれ意味します。もう一つの独立変数は，ストレス事態に対する統制感で
あり，「統制可能群」と「統制不可能群」の 2 水準で構成されています。

　分散分析の結果，交互作用効果が有意でしたが，さらに統制感の 2 水準そ
れぞれで，性格特性の効果（対処的悲観者群と方略的楽観者群の平均値差）
の検定を行っています。また，性格特性の 2 水準それぞれで，統制感の効果
（統制可能群と統制不可能群の平均値差）の検定を行っています。つまり，
一方の要因の水準ごとに他方の要因の効果を繰返し検討しています。この検
定のことを**単純主効果**（simple main effect）の検定と呼びます。この例では，
4 つの単純主効果の検定を行っています。母集団で交互作用効果が生じてい
る場合には，折れ線プロットは平行にならないと解説しました。平行でない
プロットでは，ある要因の水準ごとに，もう一方の要因の効果が異なります。
例えば対処的悲観者群における統制可能群と統制不可能群の母平均値差が 0
で，方略的楽観者群における統制可能群と統制不可能群の母平均値差が 8 で
あるならば，折れ線は平行になりません。同様に，統制可能群における対処
的悲観者群と方略的楽観者群の平均値差が 0 で，統制不可能群における対処
的悲観者群と方略的楽観者群の平均値差が 8 であっても，やはり折れ線は平
行にはなりません。単純主効果の検定とは，有意な交互作用効果がなぜ生じ
たかを詳細に調べる手続きであり，交互作用効果が有意であった場合に行わ
れます。単純主効果の検定の結果報告の方法にはこれといった決まりはあり
ませんが，多重比較のようにたくさんのバリエーションがあるので，どの方

コラム5.4　ストレス対処方略を説明する要因とは？

　細越・小玉（2006）では，個人の楽観性や悲観性が，ストレス対処方略にどのように関連しているかを検討しています。125人の実験参加者を，「対処的悲観者群」と「方略的楽観者群」に分類しました。さらに，ストレス事態に対する統制感を測定し，「統制可能群」と「統制不可能群」に分類しました。また，ストレス対処方略の一つで，「社会的支援を模索する傾向」を測定する心理尺度を実施し，「社会的支援模索型」という尺度得点を得ています。

　以上の前提で，同研究では「社会的支援模索型尺度得点」を従属変数とした，2（対処的悲観者，方略的楽観者）×2（統制可能，統制不可能）水準の分散分析を行っています。分析の結果，悲観・楽観者要因の交互作用効果が5％水準で有意でした（$F(1, 120) = 6.27, p < .05$）。また，本研究では引き続いて，統制可能群と統制不可能群のそれぞれにおいて，対処的悲観者群と楽観的悲観者群の尺度得点の平均に差があるかを検討しています。その結果，統制不可能群において，対処的悲観者群の平均が有意に低いことが明らかになりました。また，対処的悲観者群と方略的楽観者群のそれぞれで，統制可能群と統制不可能群の尺度得点の平均に差があるかも検討しています。その結果，方略的楽観者群において，統制不可能群の平均値が有意に高いことが明らかになりました（図5.11）。

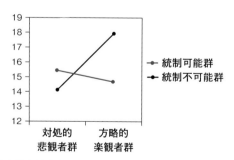

図5.11　**社会的支援模索型尺度得点の平均プロット**（細越・小玉，2006）

法を利用したかについては正確に報告しておきましょう。詳細については森・吉田（1990）などを参照して下さい。

参 考 図 書

　2要因デザインの分散分析には，その他にも様々なバリエーションがあります。以下のテキストによってさらに詳細に学習することをおすすめします。

山田 剛史・村井 潤一郎（2004）．よくわかる心理統計　ミネルヴァ書房

南風原 朝和・市川 伸一・下山 晴彦（編）（2001）．心理学研究法入門——調査・
　　実験から実践まで——　東京大学出版会

森 敏昭・吉田 寿夫（編著）（1990）．心理学のためのデータ解析テクニカルブッ
　　ク　北大路書房

南風原 朝和（2002）．心理統計学の基礎——統合的理解のために——　有斐閣

豊田 秀樹（1994）．違いを見抜く統計学——実験計画と分散分析入門——　講談
　　社

永田 靖（2000）．入門実験計画法　日科技連出版社

　　山田・村井（2004）と南風原ら（2001）は入門書であり，本書と同等の難易度で記述されています。森・吉田（1990）は心理学研究への応用という観点から，上2冊の内容をより理論的に解説しています。単純主効果の検定について学びたい読者におすすめです。南風原（2002）は回帰分析と分散分析の関連性について学ぶことができます。豊田（1994）と永田（2000）では，様々な実験デザインに対応した分散分析手法が網羅的に解説されています。

キーワード

セル，完全無作為2要因デザイン，主効果，交互作用，交互作用効果，セル平均，適性処遇交互作用，誤差平方和，主効果の平方和，交互作用効果の平方和，単純主効果

第 6 章

回帰分析

　ある変数の値を他の変数によって予測・説明しようとするときに用いるのが回帰分析と呼ばれる手法です。関心のある変数の値は「予測値」（モデルから予測できる部分）と「誤差」（予測できない部分）から成り立っているという回帰の考え方は，多くの統計的方法の基礎となるものです。本章では，回帰の基本である重回帰分析を取り上げます。さらに，その発展形として「成功・失敗」や「行動の有無」のような2値の質的変数に対して用いられるロジスティック回帰分析にも触れます。

6.1 研究例——計画的行動理論による禁煙行動の予測

　計画的行動理論とは，アイゼン（Ajzen, 1991）などが提唱したもので，
「人間のとる行動はその行動を遂行したいという意図（行動意図）によって
基本的に決まるものであるが，さらに行動意図はその行動を自分がどれだけ
制御できるかの認知（統制認知），その行動に対する態度，社会的に見たと
きにその行動をとるべきか否かの認知（主観的規範）によって規定される」
というものです。ノーマンら（Norman et al., 1999）は，この理論を禁煙行
動の予測に応用しています（日本でも類似の研究に今城・佐藤（2003）や本
多・福島（2005）などがあります）。彼らは健康促進キャンペーンの参加者
（喫煙者 84 人）に質問紙調査を行い，表 6.1 および図 6.1 に示すように計画
的行動理論における 4 変数，すなわち①「禁煙意図」（禁煙する意志がどれ
くらいあるか），②「統制認知」（禁煙をどの程度コントロールできると思う
か），③「態度」（禁煙に対して否定的～肯定的），④「主観的規範」（身近な
人々が禁煙に対して否定的～肯定的）のそれぞれのスコアを算出しました。
加えて，先行研究を参考に禁煙意図を予測し得る他の重要な変数として⑤
「リスク認知」（喫煙による健康被害を認識している程度），⑥「過去の禁煙
回数」，および⑦「最長禁煙期間」についても尋ねました。さらに，この調
査の 6 カ月後に 2 回目の調査を行い，キャンペーン参加後の⑧「禁煙行動」
（実際に禁煙にトライしたかどうかの 2 値で表される）についても尋ねまし
た。

　この研究の目的は 2 つあります。第 1 に，計画的行動理論における変数②
～④および他の変数⑤～⑦によって①「禁煙意図」がどの程度予測できるか
を明らかにすることです。第 2 に，①「禁煙意図」は本当に⑧「禁煙行動」
を促進するかを確かめることです。全体の仮説を図 6.1 に示します。これら
の問題を統計解析の文脈でとらえ直すと，第 1 の目的のためには「禁煙意
図」という量的な変数の値を他の量的な変数で予測することになります。こ
のために使われるのが重回帰分析（multiple regression analysis）という手

表6.1　禁煙意図に関する変数の要約
(Norman et al., 1999, p.91より抜粋・整理；$n = 84$)

変数	平均	標準偏差	禁煙意図との相関係数
①禁煙意図	0.74	1.92	1.00
②統制認知	−0.48	1.69	.57*
③態度	1.81	2.02	.12
④主観的規範	2.58	1.22	−.12
⑤リスク認知	1.44	1.41	.38*
⑥過去の禁煙回数	2.25	5.60	−.13
⑦最長禁煙期間	41.91	96.32	.23*
⑧禁煙行動	0.63	—	—

注1：①〜⑤は7段階評定（「当てはまらない＝−3」〜「当てはまる＝3」）の複数項目による平均値（ただし④は1項目のみ），⑥は回数，⑦は日数，⑧の平均は禁煙行動をした参加者の割合。
注2：*印のついた相関係数は5%水準で有意。

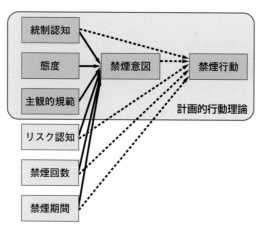

図6.1　計画的行動理論による禁煙行動の予測モデル
実線は重回帰分析，破線はロジスティック回帰分析によって検討されたモデル。

法です。また，第2の目的のためには実際の「禁煙行動の有無」という2つ
の値しかとらない変数を他の量的変数で予測することになります。そこで使
われるのが**ロジスティック回帰分析**（logistic regression analysis）という手
法です。これらの分析手法についてはそれぞれ6.4節，6.5節で解説します
が，その前に，変数間の相関関係（6.2節）と，回帰の基本形である**単回帰
分析**（simple regression analysis；6.3節）について述べておきます（表6.2）。

6.2　相 関 分 析

　第1章で述べたように，相関係数は2つの量的変数の関係の強さやその向
き（正負）を表す指標です。表6.1の最後の列に，⑧以外の変数と「禁煙意
図」との相関係数を示してあります。これらの値を見ると，「統制認知」は
「禁煙意図」と比較的強い正の関係があり（$r = .57$），また「リスク認知」と
「最長禁煙期間」も弱いですが正の相関関係があることがわかります。一方
で，「態度」「主観的規範」「過去の禁煙回数」は「禁煙意図」とほとんど相
関がありません。

　さて，これらの相関係数の値だけから「禁煙意図」が計画的行動理論の3
変数で予測できるといえるでしょうか？　答えはノーです。これは，主に次
のような理由によります。

　相関係数は2つの変数の相互関係を表すものであって，予測という方向性
のある問題にそのまま当てはめるわけにはいきません。また，複数の変数を
同時に用いて予測を行う場合，それらの総合的な影響の大きさを評価し，そ
の上で個々の変数の寄与を検討する必要があります。さらに，個々の変数の
寄与の評価は，それらの変数間の相関関係によって変わってきます。

　例えば，表6.1より「過去の禁煙回数」と「禁煙意図」の相関は $-.13$ で
す。これだけを見ると両者の間には負の関係があることになります（図6.2
(a)）。しかし，ここで第3の変数として「リスク認知」を考えてみます。
「リスク認知」が「禁煙意図」と「禁煙回数」の両方と関係しているとき，

表6.2 回帰分析の3つのモデル

分析名	英語表記	分析の目的
単回帰分析	simple regression analysis	1つの独立変数（量的な変数）で他の従属変数（量的な変数）を予測する。
重回帰分析	multiple regression analysis	複数の独立変数（量的な変数）で他の従属変数（量的な変数）を予測する。
ロジスティック回帰分析	logistic regression analysis	1つまたは複数の独立変数（量的な変数）で，他の従属変数（質的な変数。1か0の2値をとる変数を想定）を予測する。

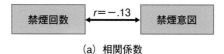

（a）相関係数

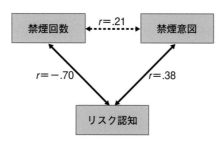

（b）偏相関係数

図6.2 禁煙回数と禁煙意図の相関係数（a）と，リスク認知との相関を取り除いたときの偏相関係数（b）

偏相関係数の求め方

　偏相関係数を求めたい2つの変数間の相関係数を r_{12}，これらの変数と，影響を取り除きたい第3の変数との相関係数をそれぞれ r_{13}，r_{23} と表せば，偏相関係数は，

$$r_{12\cdot3} = \frac{r_{12} - r_{13}r_{23}}{\sqrt{1 - r_{13}^2}\sqrt{1 - r_{23}^2}}$$

と表されます。図6.2の例では，以下のように求められます。

$$\frac{-.13 - (-.70)(.38)}{\sqrt{1 - (-.70)^2}\sqrt{1 - (.38)^2}} \approx .21$$

その影響を取り去ったときの「禁煙回数」と「禁煙意図」との相関関係を表すのが偏相関係数です。「リスク認知」と「禁煙意図」の相関 .38 は既知ですが，仮に「リスク認知」と「禁煙回数」の相関が－.70 だったとすると（喫煙リスクを認識している人ほど喫煙と禁煙のサイクルを繰り返さないという状況を考えてみましょう），「リスク認知」の影響を除いたときの「禁煙回数」と「禁煙意図」の偏相関係数は .21，つまり正の相関になります（図6.2 (b)）。このように，当該変数以外の変数の影響も考慮すると，相関関係の見方が変わってくるのです。これは予測においても同様で，他の変数の影響を考慮してもなお個々の変数に予測力があるかどうかを見る必要があります。これを可能にするのが重回帰分析です。

6.3 **単回帰分析**

　ノーマンら（1999）は，複数の変数を用いて「禁煙意図」を予測することを目的としており，そのために用いる手法が重回帰分析であるということを上で述べました。重回帰分析については次節で詳しく述べますが，その前に回帰分析の最も単純な形である単回帰分析を取り上げて，回帰分析の基本的なアイデアを説明します。

　いま，①「禁煙意図」を②「統制認知」単独で予測することを考えます。予測される変数（＝「禁煙意図」）を**従属変数**（dependent variable：基準変数や目的変数とも呼ばれます），予測に用いる変数（＝「統制認知」）を**独立変数**（independent variable；予測変数や説明変数とも呼ばれます）と呼んで区別します。単回帰分析は，1 つの独立変数を使って従属変数の予測を行う場合の回帰分析のことを指します。

　従属変数である「禁煙意図」を y，独立変数の「統制認知」を x という記号で表すことにしましょう。元のデータは再現できませんが，表 6.1 の記述統計量を参考に散布図を描いてみると，およそ図 6.3 のようになります。相関係数は $r = .57$ で，「統制認知」が高くなるほど「禁煙意図」も高くなる傾

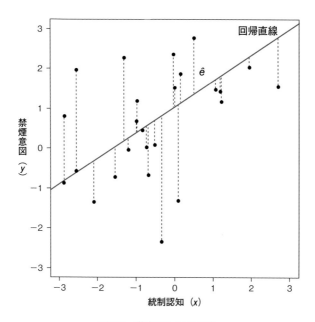

図 6.3　散布図と回帰直線

各データ点と回帰直線の y 軸方向の差が残差 $\hat{e}$ です（各データ点について破線で示してあります）。

向が読みとれます。

　単回帰分析では，このようなデータに次の式を当てはめます。

$$\hat{y} = a + bx \tag{6.1}$$

　これは回帰式（regression equation）と呼ばれます（表 6.3）。左辺の $\hat{y}$（「ワイハット」と読みます）は，右辺の x の値に基づいて y を予測した値を意味しており，予測値（predicted value）といいます。式を見れば明らかなように，回帰式は切片 a，傾き b の直線を表します。回帰式においては，傾き b のことを特に回帰係数と呼びます。図 6.3 の直線はこの回帰式が表す直線であり，回帰直線と呼ばれます。

　a と b の値はデータから推定する必要がありますが，このときによく用いられるのが最小 2 乗法（least squares method）という方法です。図 6.3 において，仮に回帰直線が既にわかっており，予測値 $\hat{y}$ の値が全ての参加者について（x の値を回帰式に代入して）計算できるとしましょう。しかし，図 6.3 でも明らかなように，各参加者についての実測値 y と予測値 $\hat{y}$ は完全には一致しません。そこで，個々の参加者 i（$i = 1, \cdots, n$）について両者のズレ

$$\hat{e}_i = y_i - \hat{y}_i \tag{6.2}$$

を考えます（図 6.3 参照）。このズレを残差（residual）と呼びますが，データ全体にわたって残差が小さいほど，回帰直線がよく当てはまっている（あるいは，よく予測ができている）といえます。そこで，残差の「総量」ができるだけ小さくなるように a と b の値を定めることを考えます。ただし，残差にはプラスのものもマイナスのものもあり，そのまま足し合わせると両者が相殺されてしまうので，個々の残差を 2 乗して全参加者分を足し合わせた

$$\hat{e}_1^2 + \hat{e}_2^2 + \cdots + \hat{e}_n^2 = \left(y_1 - \hat{y}_1\right)^2 + \cdots + \left(y_n - \hat{y}_n\right)^2 = \left(y_1 - a - bx_1\right)^2 + \cdots + \left(y_n - a - bx_n\right)^2$$

ができるだけ小さくなるように a と b の値を求めます（より詳しい説明は，例えば南風原（2002，第 3 章）などを参考にして下さい）。この原理に従う

表 6.3 回帰式について

回帰式	$\hat{y} = a + bx$
独立変数（説明変数）	x
従属変数（目的変数）	y
予測値	$\hat{y}$
切片	$a = \bar{y} - b\bar{x}$
傾き（回帰係数）	$b = r\dfrac{s_y}{s_x}$
残差	$\hat{e}_i = y_i - \hat{y}_i$

注：r は x と y の相関係数。s_x と s_y はそれぞれ x と y の標準偏差。$\bar{x}$ と $\bar{y}$ はそれぞれ x と y の平均。

と，a と b の値は以下の公式によって定まります。

$$b = r\frac{s_y}{s_x}$$

$$a = \bar{y} - b\bar{x}$$

　ただし，r は x と y の相関係数，s_x と s_y はそれぞれ x と y の標準偏差，$\bar{x}$ と $\bar{y}$ はそれぞれ x と y の平均です。

　このように，データから回帰式を求めて予測を行うことが回帰分析の基本ですが，実際の分析はそれだけにとどまりません。独立変数が予測にどの程度効いているかということや，予測値の精度を評価する必要があります。また，それらを統計的に検定したい場合も少なくありません。これらの話題は，次節の重回帰分析に関連して述べることにします。

6.4　重回帰分析

　ノーマンら（1999）は，図 6.1 の仮説を検証するために重回帰分析を行いました。彼らは，計画的行動理論における 3 変数を用いて「禁煙意図」を予測するための次のような回帰式を立てました。

$$\hat{y} = a + b_1 x_1 + b_2 x_2 + b_3 x_3 \tag{6.3}$$

　ただし，$y =$ ①「禁煙意図」，$x_1 =$ ②「統制認知」，$x_2 =$ ③「態度」，$x_3 =$ ④「主観的規範」の得点です。単回帰分析との違いは，独立変数が複数あるという点です。a はこれまでと同じく切片を表しますが，傾きに対応する $b_1 \sim b_3$ はそれぞれ独立変数 $x_1 \sim x_3$ に対応する**偏回帰係数**（partial regression coefficients）と呼ばれます（表 6.4）。

　単回帰分析の回帰式（6.1）は x と y の 2 次元平面における回帰「直線」を表すものでしたが（図 6.3），重回帰分析の回帰式（6.3）は $x_1 \sim x_3$ と y の 4 次元空間における回帰「平面」を表します（想像しにくいかもしれませんが，

表 6.1 禁煙意図に関する変数の要約（一部再掲）

変数	平均	標準偏差	禁煙意図との相関係数
禁煙意図	0.74	1.92	1.00
統制認知	−0.48	1.69	.57*

ノーマンら（1999）のデータについては，表 6.1 の記述統計量を用いて，

$$b = 0.57 \times \frac{1.92}{1.69} = 0.65$$

$$a = 0.74 - 0.65 \times (-0.48) = 1.05$$

と求まるので，回帰式は

$$\hat{y} = 1.05 + 0.65x$$

となります。これを図示したのが図 6.3 の回帰直線です。b の値から，「統制認知」の得点が 1 点高くなると，「禁煙意図」得点の予測値が 0.65 高く予測されることがわかります。この式を用いれば，例えば「統制認知」の得点が $x = 1.0$ の人の「禁煙意図」得点を

$$\hat{y} = 1.05 + 0.65 \times 1.0 = 1.70$$

のように予測することができます。

4 次元から次元を 1 つ落とした 3 次元の「平面」です。数学的には「超平面」と呼ばれます）。図 6.4 には，簡略化のために独立変数を x_1 と x_2 の 2 つにした場合の散布図と回帰平面を示してあります（この場合は，3 次元空間の中の 2 次元平面となります）。青で示した平面が回帰平面です。独立変数 x_1 と x_2 の値を与えると回帰平面上の点が 1 つ決まり，その点の y 座標が予測値 $\hat{y}$ を表します。単回帰のときと同様に，個々の実測値 y は予測値 $\hat{y}$ とは一致せず，回帰平面上にある予測値から上下（y 軸）方向にズレます。このズレが残差 $\hat{e}$ となります。

　独立変数の数（次元数）が増えても，この考え方は変わりません。(6.3) 式のような，切片および「偏回帰係数×独立変数」の和の形の回帰式で予測値を求めるモデルでは，多次元のデータに y の値を予測するための超平面を当てはめていることになります。このようなモデルを総称して**線形モデル**（linear model）と呼びます。単回帰分析は独立変数が 1 つしかない，重回帰分析の特別な場合に相当します。

6.4.1 偏回帰係数の推定——最小 2 乗法

　回帰式 (6.3) の切片 a や各偏回帰係数 b の値は未知ですから，これらをデータから推定しなければなりません。重回帰分析においても，単回帰分析と同様に最小 2 乗法を用いて推定を行うことができます。

　実測値 y の回帰平面 (6.3) からの y 軸方向のズレを残差 (6.2) ととらえ，その 2 乗和

$$
\begin{aligned}
\hat{e}_1^2 + \hat{e}_2^2 + \cdots + \hat{e}_n^2 &= \left(y_1 - \hat{y}_1\right)^2 + \cdots + \left(y_n - \hat{y}_n\right)^2 \\
&= \left(y_1 - a - b_1 x_{11} - b_2 x_{21} - b_3 x_{31}\right)^2 + \cdots + \left(y_n - a - b_1 x_{1n} - b_2 x_{2n} - b_3 x_{3n}\right)^2
\end{aligned}
$$

が最小になるように切片と偏回帰係数の値を定めます。一般的な公式は複雑になるため省略しますが，ノーマンら（1999）の分析における偏回帰係数の推定値を，表 6.5 の第 2 列の「モデル 1」の段に示します（他のモデルの結

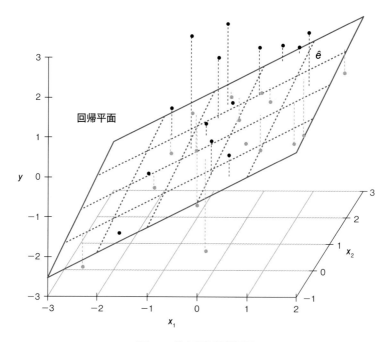

図 6.4　散布図と回帰平面

回帰平面より上のデータ点は黒，下の点はグレーで示してあります。各データ点と回帰平面の y 軸方向の差が残差 $\hat{e}$ です（各データ点について破線で示してあります）。

表 6.4　重回帰式について

重回帰式	$\hat{y} = a + b_1 x_1 + b_2 x_2 + b_3 x_3$
独立変数（説明変数）	$x_1 =$ ②「統制認知」，$x_2 =$ ③「態度」， $x_3 =$ ④「主観的規範」
従属変数（結果変数）	$y =$ ①「禁煙意図」
偏回帰係数	$b_1 \sim b_3$

果も出ていますが，これらについては後で触れます）。

6.4.2 重相関係数と決定係数・予測の標準誤差

　偏回帰係数を解釈する前に，モデル全体としての予測力を考えてみましょう。偏回帰係数が推定されれば，回帰式（6.3）を用いて独立変数の値を与えたときの予測値を求めることができます。このとき，実測値 y と予測値 $\hat{y}$ の相関係数を**重相関係数**（multiple correlation coefficient）と呼び，R で表します。モデル1では $R = .72$ となり，比較的高い値であるといえます。さらに，重相関係数の2乗（R^2）を**決定係数**（coefficient of determination）と呼びます。これは**分散説明率**（proportion of variance explained）とも呼ばれ，従属変数 y の分散のうち回帰式中の全ての独立変数によって総合的に説明される部分の割合を表します（割合ですから，決定係数は0から1の間の値をとります）。モデル1では $R^2 = .72^2 = .51$ となるので（**表6.5**），「禁煙意図」の分散の約51%が計画的行動理論の変数②～④によって説明されるということができます。

　この決定係数の検定を行ってみましょう。検定を行うためには，母集団におけるモデルと確率分布の仮定が必要となります。p 個の独立変数がある場合について一般的に表すと，重回帰分析の母集団モデル（重回帰モデルといいます）は，

$$y = a + b_1 x_1 + b_2 x_2 + \cdots + b_p x_p + e \tag{6.4}$$

となります。e は誤差を表し，各参加者について独立に正規分布 $N(0, \sigma^2)$ に従うと仮定します（正規分布については第2章を参照）。

　（6.4）式の重回帰モデルが成り立つとき，母集団におけるモデルの分散説明率が0であるという帰無仮説のもとで，次の F 統計量

表 6.5 禁煙意図に関する重回帰分析の結果
(Norman et al., 1999, p.91 より抜粋・整理：$n = 65$)

変数	偏回帰係数 (b)	標準誤差	t	標準偏回帰係数 (β)
モデル 1：$R^2 = .51$, $R^2_{adj} = .49$, $F(3, 61) = 21.29$, $p < .001$				
統制認知 (x_1)	0.85*	0.11	7.73	0.69
態度 (x_2)	0.15	0.08	1.88	0.16
主観的規範 (x_3)	−0.16	0.19	−0.84	−0.07
モデル 2：$R^2 = .59$, $R^2_{adj} = .56$, $F(4, 60) = 21.36$, $p < .001$				
統制認知 (x_1)	0.72*	0.11	6.55	0.59
態度 (x_2)	0.16*	0.08	2.00	0.17
主観的規範 (x_3)	−0.37*	0.19	−1.95	−0.18
リスク認知 (x_4)	0.41*	0.13	3.15	0.31
モデル 3：$R^2 = .61$, $R^2_{adj} = .57$, $F(6, 58) = 15.14$, $p < .001$				
統制認知 (x_1)	0.72*	0.12	6.00	0.59
態度 (x_2)	0.15	0.08	1.88	0.16
主観的規範 (x_3)	−0.43*	0.19	−2.26	−0.20
リスク認知 (x_4)	0.42*	0.12	3.50	0.32
過去の禁煙回数 (x_5)	0.16	0.08	2.00	0.15
最長禁煙期間 (x_6)	0.00	0.00	—	0.02

注 1：*印のついた係数は 5％水準で有意。
注 2：t 統計量は筆者が追加。モデル 3 の「最長禁煙期間」については，標準誤差が 0.00 と表示されていたため t 統計量は計算できなかった。
注 3：各モデルの決定係数や F 値の一部は，本文中の記述に基づき筆者が再現したものであるため，数値の整合性が十分にとれていない箇所がある。

$$F = \frac{R^2 / p}{\left(1 - R^2\right) / \left(n - p - 1\right)}$$

が自由度 p と $n-p-1$ の F 分布に従うことを利用して決定係数の検定ができます。ただし，p は独立変数の数，n はサンプルサイズです。母集団に関する推測が目的の場合はまずこの検定を行い，有意ならばモデル全体として予測力ありと判断して偏回帰係数の検定・解釈に進みます。表 6.5 に示したようにモデル 1（$p=3$, $n=65$）では $F(3, 61) = 21.29$ で有意なので，計画的行動理論によって禁煙意図は（その程度は別として）説明されると判断します。

　なお，表 6.5 には R^2 に加えて R^2_{adj} という値も示されています。これは**自由度調整済み決定係数**（adjusted R^2）と呼ばれるものです。独立変数の数 p に対してサンプルサイズ n が少ないほど，R^2 の標本値は母集団における説明率を大きめに推定する傾向があります。従って，

$$R^2_{\mathrm{adj}} = 1 - \frac{n-1}{n-p-1}\left(1 - R^2\right)$$

のようにして補正を行います。母集団の分散説明率の推定値としては，自由度調整済み決定係数の方が好まれることが少なくありません。

　決定係数は分散説明率という明確な意味を持ち解釈もしやすいのですが，予測の文脈ではその実効性（予測精度）を評価することも大切です。先に述べたように，個々のデータについて予測値 $\hat{y}$ と実測値 y は一致しません。この場合の予測精度は，予測値に対して実測値が平均的にどの程度ズレるかを見ることによって評価できます。これを表すのが回帰の**標準誤差**（standard error of the regression）または推定値の標準誤差（standard error of the estimate）

コラム 6.1　統計的予測は経験的予測をしのぐか？

　アメリカのアッシェンフェルターという経済学者は，ボルドーワインの価格を予測する次のような式を提案しました（Ashenfelter, 2008, p.179）。

ワインの対数相対価格（US\$）=

（切片……示されていません）

+0.0238×年数

+0.6160×育成期（4～9 月）平均気温

-0.00386×収穫期（8～9 月）降水量

+0.00117×前年（10～3 月）降水量

　これはまさに重回帰モデルによる予測式です。夏期の気温が高く乾燥していた年のワインは質が良い（=高価格となる）ことは経験的に知られていましたが，アッシェンフェルターは 1952～1980 年のボルドー地方の気候データと製造年ごとのワインの平均価格から客観的にこの式を導き出しました。決定係数は $R^2=.828$ で十分な予測力があると論文中では述べられています。アッシェンフェルターは，1991 年の時点でこの式を用いて 1989 年と 1990 年のボルドーワインは素晴らしいものになると予測しました。それまで出来たてのワインをテイスティングして知識と経験に基づいて将来の予想を行っていたワインの専門家たちはこの予測を信じませんでしたが，その後の実際の価格はアッシェンフェルターの予測を支持しました。さらに 2000 年と 2003 年についても，同様の予測が的中しました。

　本質的には，予測とは未知の（あるいは将来の）値を既知の情報に基づいて推定する作業です。そうした意味で，アッシェンフェルターのこの式は統計による予測の力がいかんなく発揮された例であるといえるでしょう（このアッシェンフェルターのエピソードは，エアーズ（Ayers, 2007）に紹介されています。上のものとは少し異なる予測式も紹介されています）。心理学研究においてはどうでしょうか？　心理学研究において重回帰分析は仮説の導出や検証のために用いられることが多く，具体的な予測を意図している例は少ないように思われます。しかし，あえて予測という観点から結果を眺めてみると面白いかもしれません。仮説を裏づけるとされた回帰式の予測精度はどの程度でしょうか？　知識や経験に勝る精度で予測ができているといえるでしょうか？

$$s_e = s_y \sqrt{1 - R^2}$$

です。ただし，s_y は従属変数 y の標準偏差です。この式を見ると，決定係数，すなわち説明率が大きいほど $\sqrt{1 - R^2}$ の部分が小さくなり，結果として s_e が小さくなって予測精度が上がることがわかります。モデル 1 について回帰の標準誤差を求めてみると，$s_e = 1.92 \times \sqrt{1 - .51} = 1.34$ となります。ある予測値 $\hat{y}$ に対して，実測値 y は平均的に ±1.34 程度ズレるという意味です。

　この 1.34 という値はどう解釈できるでしょうか？　比較のために，独立変数を全く用いずに y の値を予測する場合を考えてみましょう。このときのベストの予測値はその平均 $\bar{y}$ であり，これに対する実測値の平均的なばらつきは標準偏差 s_y です。s_y と s_e を比較すれば，独立変数によって予測精度がどの程度向上したかを具体的に評価することができます。モデル 1 の例では $s_y = 1.92$ に対して $s_e = 1.34$ です。y の値は 7 段階評定値の平均で表されていますから，y 以外に何も情報がないときに 2 段階近くばらついていた予測が，計画的行動理論の変数を用いることによって 1 段階少々のズレで済む程度まで精度が上がったことを意味しています。ただし，この精度向上を十分と見るか不十分と見るかは分析者や目的によって異なると思われます。決定係数が十分大きいと思われるときでも，回帰の標準誤差で評価してみると満足いく予測ができていないと判断される可能性もあるので，複数の指標に基づいて丁寧に解釈する必要があります。

6.4.3　偏回帰係数

　モデル全体としての予測力が示されれば，個々の独立変数がそれぞれどの程度その予測に効いているかを調べることになります。表 6.5 のモデル 1 の偏回帰係数の推定値を見てみると，$b_1 \sim b_3$ の値はそれぞれ 0.85，0.15，−0.16 となっています（第 2 列）。表 6.1 の相関係数と比べてみると，これらの独立変数間の相互関係を考慮しても，相対的な大きさはほぼ従属変数との単独の相関係数（単相関といいます。順に .57，.12，−.12）と一致した傾

表 6.1 禁煙意図に関する変数の要約（一部再掲）

変数	平均	標準偏差	禁煙意図との相関係数
禁煙意図（y）	0.74	1.92	1.00
統制認知（x_1）	−0.48	1.69	.57[*]
態度（x_2）	1.81	2.02	.12
主観的規範（x_3）	2.58	1.22	−.12

表 6.5 禁煙意図に関する重回帰分析の結果（一部再掲）

変数	偏回帰係数（b）	標準誤差	t	標準偏回帰係数（β）
モデル1：R^2=.51, R^2_{adj}=.49, $F(3, 61)$=21.29, $p < .001$				
統制認知（x_1）	0.85[*]	0.11	7.73	0.69
態度（x_2）	0.15	0.08	1.88	0.16
主観的規範（x_3）	−0.16	0.19	−0.84	−0.07

重回帰式：$\hat{y}=1.29+0.85x_1+0.15x_2-0.16x_3$

　いま，ある人の x_1〜x_3 の値がそれぞれ 1.00, 0, 0.50 であることがわかったとします（表 6.1 の平均値と比べて，「統制認知」は高め，「態度」と「主観的規範」は低めということになります）。このとき，(6.5) 式にこれらの値を代入すると，この人の「禁煙意図」の予測値を

$$\hat{y} = 1.29 + 0.85 \times 1.00 + 0.15 \times 0 - 0.16 \times 0.50 = 2.06$$

と求めることができます。「禁煙意図」のスコアの範囲は −3〜3 で，その平均値は0.74 ですから，「禁煙意図」は比較的高いといえます。また，回帰の標準誤差は1.34 でしたから，この人の実測値が得られるとしたら，その値は予測値 2.06 を中心に平均的に ±1.34 程度ズレると解釈することができます。

向を示しているといえそうです。

　これらの推定値をその推定の標準誤差（第 3 列）で割ることによって，個々の偏回帰係数を検定するための t 統計量を求めることができます（第 4 列）。決定係数の検定のときと同様に重回帰モデル（6.4）式を仮定し，対応する母集団偏回帰係数が 0 であるという帰無仮説の下で，この t 統計量は自由度 $n-p-1$ の t 分布に従います。モデル 1 の例では，「統制認知」の係数 b_1 のみが有意（$t(61)=7.73$）となっています。

　偏回帰係数の値が推定されれば，回帰式を用いて予測を行うことができます。表 6.5 の推定値を（6.3）式に代入すると，

$$\hat{y} = 1.29 + 0.85x_1 + 0.15x_2 - 0.16x_3 \tag{6.5}$$

となります（切片 a の値は原論文に出ていませんが，各変数の平均値と偏回帰係数の推定値から逆算しました）。

　次に，有意であった「統制認知」の偏回帰係数 $b_1 = 0.85$ を解釈してみましょう。これは，「統制認知」のスコアが 1 単位（すなわち評定値 1 段階分）増加したとき，「禁煙意図」の予測値が 0.85 増加するという意味になります（「禁煙意図」の単位も同じく評定値なので，1 段階弱の増加に対応します）。回帰式（6.5）において「統制認知」x_1 が 1 増加したときの新しい予測値は

$$1.29 + 0.85(x_1 + 1) + 0.15x_2 - 0.16x_3$$
$$= (1.29 + 0.85x_1 + 0.15x_2 - 0.16x_3) + 0.85$$
$$= \hat{y} + 0.85$$

となり，元の $\hat{y}$ から 0.85 増加することがわかります。

　このとき注意しなければならないのは，「態度」x_2 と「主観的規範」x_3 の値は一定に保ったまま「統制認知」x_1 だけを変化させているという点です。より一般的にいうと，偏回帰係数の値は「他の独立変数の値を全て一定に保ったまま」という条件のもとで当該変数の値だけを 1 増加させたときの予測

コラム 6.2　クリシンしてみよう――多重共線性とは？（1）

問：速水ら（1996）は，動機づけの異なる側面を表す4つの独立変数（「外的」「取り入れ」「同一化」「内発」）を用いて，中高生の学業成績の予測を試みました。彼らの研究目的の一つは，「より自律的な動機づけ［外発から内発に向かって自律性が強くなると考えられている］が高い成績結果をもたらす」（p.24；[　]内筆者注）かどうかを検証することでした。変数間の相関係数および重回帰分析による偏回帰係数の推定値を**表6.6**に示します。R^2 の値は示されていませんが，F 検定は5％水準で有意でした。これらの結果から，個々の動機づけ変数の影響の大きさをどう評価できるでしょうか？

表6.6　**学業成績に関する偏回帰係数および変数間の相関係数**
（速水ら，1996；表2-1，表7-1，および本文中の結果の一部を抜粋）

	外的	取り入れ	同一化	内発
偏回帰係数	$-.245^*$	.055	$.225^*$	$-.032$
相関係数				
取り入れ	$.722^*$			
同一化	$.321^*$	$.608^*$		
内発	$.320^*$	$.603^*$	$.758^*$	
学業成績	記載なし	記載なし	記載なし	$.122^*$

注：*印の値は5％水準で有意。

答：モデル全体としては予測力ありで，偏回帰係数も外的と同一化は有意となっています。「外的」と「内発」の偏回帰係数は負であり，特に「内発」は単独では成績と有意な正の相関（.122）があるにもかかわらず，偏回帰係数は負の値（$-.032$）になっています。全体として，「外的」→「取り入れ」→「同一化」→「内発」の順番で高くなるはずだという速水ら（1996）の予想通りにはなっていないようです。ある独立変数の影響の大きさの評価は独立変数間の相関関係によって変わってきます。ある独立変数の従属変数との単独の相関が高くても，偏回帰係数がほぼ0となったり，相関係数と偏回帰係数の正負が逆転したりすることがありますし，逆にもともとはほぼ無相関でも係数が大きな値になることもあります（このような振る舞いをする独立変数を抑制変数と呼びます）。

値の増分です。

「統制認知」単独で回帰を行ったときの回帰係数は 0.65 でした（6.3 節）。一方，モデル 1 では偏回帰係数が 0.85 となりました。独立変数間には相関があるのが普通ですから，「統制認知」の値が増加したとき，それに伴って「態度」や「主観的規範」の値も変化し，さらにそれが予測値の変化に結びつきます（こうした相関関係が非常に強い場合には注意が必要です：コラム 6.2 参照）。こうした他の独立変数を介した影響を区別せずに総合した予測値の変化量が単回帰の 0.65 という値です。これに対して重回帰の 0.85 という値は，「態度」と「主観的規範」がともに変化したときの影響はそれらの値を固定することによって排除し，「統制認知」が単独で変化したと考えた場合の予測値の変化量です。このように，複数の独立変数を同時に重回帰分析にかけることによって，他の変数の影響を除いたときの個々の独立変数単独の影響の大きさを評価することができます。

なお，モデル中の全変数を平均 0，標準偏差 1 になるように標準化したときの偏回帰係数のことを**標準偏回帰係数**（standardized partial regression coefficient）あるいは β 係数といいます（表 6.5，第 5 列；標準化については第 1 章を参照）。β 係数は各変数の測定単位に依存しないため，各独立変数の影響の大きさを「当該変数が 1 標準偏差分増加したときの予測値の増分」という共通の基準で評価できることになります（ただし，ここでも「他の独立変数の値を一定に保ったまま」という条件は同じです）。しかし，上で見たように，特に予測の文脈ではそれぞれの変数の単位に意味があることも多く，分析の目的や解釈のしやすさに応じて適切に使い分ける必要があります。また，「標準化」といっても，これはその分析に用いている特定のデータに基づくものです。別のデータで同様に標準偏回帰係数を求めても，元の標準偏差が異なれば「1 標準偏差」の意味が異なり，相互に比較することはできないので注意が必要です。なお，単回帰分析の場合は，標準回帰係数の値は従属変数と独立変数の単相関に一致します。さらに，決定係数は単相関の 2 乗となります。

コラム 6.2   クリシンしてみよう——多重共線性とは？（2）

　そう考えると上記のような結果は十分あり得るのですが，筆者が気になったことの一つは偏回帰係数の解釈以前に独立変数間の相関にかなり高いものがある点です（「取り入れ」-「外的」の.722 や「内発」-「同一化」の.758 が特に高く，他も全般的に高めです）。**多重共線性**（multicolinearity）とは，ある独立変数を残りの独立変数で予測したときの重相関係数が非常に高い状態，すなわち，ある独立変数が他の独立変数によってほぼ完全に予測できてしまう状態を指します（2 つの独立変数間の相関が非常に高いことは，その特別な場合といえます）。多重共線性が起こっていると偏回帰係数の推定が不安定になり，推定値の標準誤差が非常に大きくなります。例えば，推定値が異常に高い値を示したり，正負が想定される方向と逆転したり，少数のデータを加える／除くだけで値が大きく変化したりといったことが起こります。また，偏回帰係数の検定では推定値をその標準誤差で割った t 統計量を用いるということを本文で述べていますが，標準誤差が大きくなるということはそれだけ有意になりにくくなることを意味します。筆者はこうしたことがこの例でも起こっているのではないかと考えました。多重共線性の指標としてよく用いられるものに VIF（variance inflation factor）があります。VIF は，当該独立変数の偏回帰係数の推定の誤差分散（推定の標準誤差の 2 乗）が，その変数が残りの独立変数と全く無相関だった場合に比べて何倍になるかを表します。上のデータについて計算してみると，4 つの独立変数それぞれについて 2.21，3.35，2.60，2.57 となりました。目安として VIF > 5.00 ならばその変数は多重共線性の影響を受けていると判断することが多く，この例では多重共線性によって推定値が不安定になっているとは断定できませんでした（VIF は多重共線性の指標としては使えますが，ここでの主な関心である推定値の安定性に影響する要因はモデル全体の決定係数やサンプル数など他にもあるので，VIF はあくまで注意喚起の目的で使用し，他の指標も用いて慎重に評価すべきです。この点に関して，オブライエン（O'Brien, 2007）が重要な考察を行っています）。一般的に，この例のように独立変数間の相関係数が高い場合には重回帰分析の結果を十分に注意して見ていく必要があります。多重共線性が明らかな場合は当該変数を分析から除外するか，相関の高い他の独立変数と合成するなどの対応が必要となります。また，本コラムのような検証を可能にするために，報告する側は重回帰分析の結果だけでなく平均や標準偏差，相関係数などの基本統計量をしっかり記載すべきでしょう。

6.4.4　モデルの比較

　表 6.5 には，モデル 1 の他に独立変数に計画的行動理論以外の変数も加え
た場合の重回帰分析の結果も示されています（モデル 2 および 3）。ノーマ
ンら（1999）は，計画的行動理論で説明できない部分がさらにこれらの変数
によって説明できるどうかを調べました。

　モデル 2 は計画的行動理論の 3 変数②〜④に⑤「リスク認知」を加えたモ
デルです。「リスク認知」の係数は有意ですが，モデル 1 で有意ではなかっ
た「態度」や「主観的規範」も有意になっています。独立変数を追加／削除
すると，もともとモデルにあった独立変数の偏回帰係数の値も変化します。

　モデル 1 と 2 を比較したとき，どちらの方が「良い」モデルであるといえ
るでしょうか？　一般的に，独立変数を追加することによって分散説明率は
増加し，予測精度は上がります。問題は，その増分 ΔR^2 が統計的に見て意
味があるかということです（ここで Δ（デルタ）は「差」という意味です）。
これを検定するためには，次の F 統計量

$$F = \frac{\Delta R^2 / q}{\left(1 - R^2\right) / \left(n - p - q - 1\right)}$$

が，母集団における分散説明率の増分が 0 のときに自由度 q と $n - p - q - 1$
の F 分布に従うことを利用します。ただし，p は変数追加前のモデルにおけ
る独立変数の数，q は新たに追加した独立変数の数，分母の R^2 は変数追加
後のモデルの決定係数です。

　ノーマンら（1999）はモデル間の比較に基づいて，計画的行動理論によっ
て「禁煙意図」はある程度説明できるが，その影響を考慮してもなお「リス
ク認知」も「禁煙意図」を予測する重要な変数であると結論づけました。

6.5　ロジスティック回帰分析

　ノーマンら（1999）は，事後調査において実際の⑧「禁煙行動の有無」に

表 6.5 禁煙意図に関する重回帰分析の結果（一部再掲）

モデル 1：R^2=.51, R^2_{adj}=.49, F (3, 61)=21.29, p < .001

モデル 2：R^2=.59, R^2_{adj}=.56, F (4, 60)=21.36, p < .001

モデル 3：R^2=.61, R^2_{adj}=.57, F (6, 58)=15.14, p < .001

モデル1と2の決定係数を比較すると，ΔR^2=.59－.51=.08 でした。p=3, q=1 なので，上の F 統計量の値は F (1, 60)=10.90 で有意となります。したがって，「リスク認知」を追加することで分散説明率は有意に向上したということができます。同様にモデル2と3を比較してみると，ΔR^2=.02 であり，F (2, 58)=1.76 で有意ではありませんでした。したがって，モデル2に加えて「禁煙回数」や「最長禁煙期間」を考えても説明率の向上には寄与しないと判断できます。

コラム 6.3　オッズとは？（1）

　確率的に起こると考えられる出来事を事象といいます（例えば，コインを投げたときの「表」「裏」などです）。いま，ある事象が起こる確率が p であるとしましょう。これに対してその事象が起こらない確率 $1-p$ の比をとったもの，すなわち両者の相対的な大きさ $p/(1-p)$ をオッズ（odds）と呼びます。オッズは見込みとも呼ばれ，ギャンブルなどでよく用いられる確率の表現法です（競馬などではオッズは賭け金に対する配当の倍率を表しますが，これはここで述べる確率的な定義とは少し異なります）。例えば，p=.8 とするとオッズは .8/(1-.8)=4.0 となります。すなわち，事象が起こる確率は起こらない確率の 4 倍であることになります。純粋に確率に基づく賭けを行う場合，配当はオッズの値 4.0 に対して 1，すなわち当たれば賭け金の 0.25 倍の配当がつくことになります。

ついても尋ね，禁煙傾向（「禁煙意図」や，重回帰分析で独立変数として用いられた他の変数で表される傾向を総称してこう呼ぶことにします）が禁煙行動に本当に結びつくのかを検証しました。この場合，従属変数は禁煙行動の有無を表す2値データ（$y = 0, 1$）となります。変数のタイプが異なるので，このデータに（6.3）式の重回帰の式を直接当てはめると，予測値が可能な範囲を超えてしまい予測に役立たないといった事態が起こり得ます（予測値がマイナスになってしまう／1を超えてしまう）。また，誤差が正規分布に従うという仮定が明らかに満たされなくなることから，偏回帰係数その他の検定の結果も不正確となります。

　こうした不具合を避けるため，従属変数が単純な連続量でない場合にも適用できるように重回帰モデルを拡張した一連のモデルがあり，これらはまとめて**一般化線形モデル**（generalized linear model）と呼ばれています（第3章，表3.1も参照）。一般化線形モデルには従属変数のタイプに応じていくつかの基本モデルがありますが（例えば，2値データの他にもある出来事が起こった回数を記録したカウントデータなどがあります），本節では特に2値データに適用されるロジスティック回帰分析を取り上げます。

　ロジスティック回帰では$y = 0, 1$という2つの値しかとらない従属変数を扱います。⑧「禁煙行動の有無」を従属変数とし，$y = 1$が「禁煙した」，$y = 0$が「禁煙しなかった」を表すとしましょう。ノーマンら（1999）は表6.7に示す5つの独立変数を用いました。この場合，ロジスティック回帰では独立変数の値が与えられたときの禁煙行動あり（$y = 1$）の確率pを次の式によって予測します。

$$\ln \frac{p}{1-p} = a + b_1 x_1 + b_2 x_2 + b_3 x_3 + b_4 x_4 + b_5 x_5 \tag{6.6}$$

ただし，右辺の独立変数$x_1 \sim x_5$は表6.7に示すように①「禁煙意図」，②「統制認知」，⑤「リスク認知」，⑥「過去の禁煙回数」，⑦「最長禁煙期間」にそれぞれ対応します。左辺の$p/(1-p)$の部分は確率pのオッズ（odds）

コラム 6.3　オッズとは？（2）

　一方，$p=.2$ のときにはオッズは $.2/(1-.2)=0.25$ になります。事象が起こる確率は起こらない確率の 1/4 倍であるということです。配当はオッズの値 0.25 に対して 1，すなわち賭け金の 4 倍が配当となります。$p=.5$（等確率）のとき，オッズはちょうど 1 になります。p が 0 に近づくとオッズも 0 に近づき，逆に 1 に近づくとオッズは無限に大きくなります（図 6.5 (a)）。

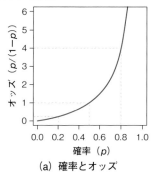

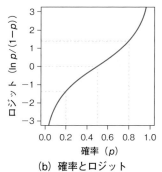

(a) 確率とオッズ　　　　　　**(b) 確率とロジット**

図 6.5　確率値とオッズ，ロジットの対応関係

　オッズの自然対数をとったもの，すなわち $\ln p/(1-p)$ を対数オッズ（log odds）あるいはロジット（logit）といいます。オッズの対数をとることによって 0（$p=.5$ に対応）に関して点対称となり，とり得る値の範囲も $-\infty \sim \infty$ になります。例えば $p=.2$，$.5$，$.8$ のとき，ロジットの値はそれぞれ -1.39，0，1.39 となります（図 6.5 (b)）。頻度や比率を扱うカテゴリカルデータの解析ではオッズやロジットがよく用いられます。カテゴリごとの比率をオッズやロジットに変換すると分析上扱いやすくなるためです。ロジスティック回帰では，2 値の従属変数 y そのものではなく，(6.6) 式のように $y=1$ という事象が起こる確率 p のロジットを回帰による「予測値」と考えます。そうすることによって，予測値そのものが $-\infty \sim \infty$ の間のどのような値をとっても，図 6.5 (b) の対応関係（あるいは (6.5) 式）によって 0〜1 の範囲に収まる確率値 p に変換することができるようになります。

と呼ばれます（コラム 6.3 参照）。さらに，ln はその自然対数をとることを
意味します。オッズの自然対数をとったものは**対数オッズ**（log odds）また
は**ロジット**（logit）と呼ばれます。(6.6) 式の右辺を z（$=a+b_1 x_1+b_2 x_2+$
$b_3 x_3+b_4 x_4+b_5 x_5$）と置くと，

$$p = \frac{e^z}{1+e^z} \tag{6.7}$$

と変形できます。ただし，e はネイピア数（あるいは自然対数の底）と呼ば
れる定数で，その値はおよそ 2.718 です。(6.7) 式によって，回帰による予
測値 z を確率値 p に変換することができます。(6.7) 式において確率 p を z
の関数とみなすと，図 6.6 のような S 字型の曲線を描くことができますが，
これはロジスティック曲線と呼ばれます。この分析法がロジスティック回帰
といわれる所以です。

　表 6.7 には，(6.6) 式のロジスティック回帰モデルを当てはめて係数 b_1〜
b_5 の値を推定した結果を示してあります。係数をその標準誤差で割って Z
統計量を求めると，サンプル数が十分大きいときにこれが近似的に標準正規
分布に従うことを利用して各係数の検定ができます。

　回帰係数の解釈の仕方は重回帰分析の場合と基本的に同じです。例えば
「禁煙意図」については $b_1=0.69$ ですから，他の独立変数の値は一定に保た
れているとして，「禁煙意図」が 1（＝7 段階評定の 1 段階分）増加すれば禁
煙行動ありの確率のロジットも 0.69 増加することになります。

　この増分を指数として e のベキ乗（e^b）を求めると，増分をオッズの単位
に変換することができます。「禁煙意図」では，増加量 1 に対して禁煙行動
ありの確率のオッズは $e^b=2.718^{0.69}=1.99$ 倍になります。さらに予測確率値
の増分も求めることができますが，これは元の確率がどれだけであったかに
よって異なります。例えば，元の確率が $p=.2$ で，そこから「禁煙意図」の
みが 1 単位増加したとしましょう。$p=.2$ のときのオッズが 1.99 倍になると
いうことは，新しいオッズは

表6.7 **禁煙行動に関するロジスティック回帰分析の結果**
(Norman et al., 1999, p.92 より抜粋・整理；$n = 60$)

変数	偏回帰係数 (b)	標準誤差	Z
禁煙意図 (x_1)	0.69*	0.28	2.46
統制認知 (x_2)	0.26	0.35	0.74
リスク認知 (x_3)	0.27	0.26	1.04
過去の禁煙回数 (x_4)	0.88*	0.32	2.75
最長禁煙期間 (x_5)	− 0.01	0.00	—

注1：*印のついた係数は5%水準で有意。
注2：Z統計量は筆者が追加。「最長禁煙期間」については標準誤差が0.00と表示されていたためZ統計量は計算できなかった。

$$\frac{.2}{1-.2} \times 1.99 = \frac{1.99}{4} = 0.4975$$

です。オッズが 0.4975 となるような確率の値（＝新たな確率の予測値）は，
$p/(1-p) = 0.4975$ を p について解けば $p = 0.4975/(1+0.4975) = .33$ と求まり
ます（したがって，増分は .13 です）。同様に，元の確率が .5，.8 だった場
合にはそれぞれ .67（同 .17），.89（同 .09）に増加します。このような対応
関係は図 6.6 のようにロジスティック曲線を描き，ロジット＝横軸が一定量
変化したときの確率＝縦軸の変化量をグラフから読みとることでわかります。
このように考えると，禁煙傾向によって「禁煙行動の有無」をある程度予測
できるといえます。

　回帰係数の推定値が得られれば，独立変数の任意の値について（6.6）式
および（6.7）式から禁煙行動をとる確率の予測値を計算することができま
す。ノーマンら（1999）は残念ながら切片 a の値を示していないのですが，
この値が仮に $a = -1.50$ であったとしましょう。表 6.1 に示した各独立変数
の平均値を使い，データ中の最も平均的な参加者の禁煙確率を予測すると，
.70 となり（図 6.6 参照），全独立変数について平均的な値を持つ人は比較的
高い確率で禁煙に挑戦すると考えることができます（図 6.6 の破線の対応関
係参照）。

　本章では，主に「予測」に焦点を当てて重回帰分析とロジスティック回帰
分析を解説しました。回帰分析は多くの統計解析法の基本であると冒頭で述
べましたが，第 4〜5 章の分散分析も実は重回帰モデル（線形モデル）とし
て表現することができます。また，第 7 章の因子分析や第 8 章の共分散構造
分析も，モデルを構成する個々の方程式を見れば回帰の考え方のもとに成り
立っていることがわかります。これらの分析法をよりよく理解するためにも，
回帰の考え方をしっかりと身につけておくのがよいでしょう。

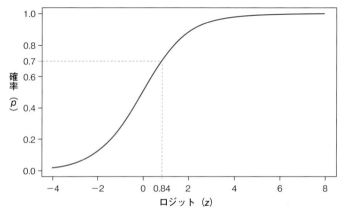

図 6.6 **禁煙行動確率を予測するためのロジスティック曲線**

$z=-1.50+0.69\times0.74+0.26\times(-0.48)+0.27\times1.44+0.88\times2.25-0.01\times41.91=0.84$

ですから，確率に戻すと $p=\dfrac{e^{0.84}}{1+e^{0.84}}=.70$ となります。

参 考 図 書

足立 浩平 (2006).　多変量データ解析法——心理・教育・社会系のための入門
　　　——　ナカニシヤ出版

　　重回帰分析を幾何学的に理解することができます。重回帰分析以外の多変量解析
全般の解説書としてもおすすめです。

丹後 俊郎・高木 晴良・山岡 和枝 (2013).　新版　ロジスティック回帰分析——
　　SAS を利用した統計解析の実際——　朝倉書店

　　医学や生物学での応用を念頭に書かれた本ですが，ロジスティック回帰を含むカ
テゴリデータの分析法や結果の解釈などを詳しく知ることができます。

豊田 秀樹 (編著) (2012).　回帰分析入門——R で学ぶ最新データ解析——　東京
　　図書

　　回帰分析全般を丁寧に解説しています。フリーソフト R を使った分析の実行の仕
方も学ぶことができます。

キーワード

重回帰分析，ロジスティック回帰分析，単回帰分析，従属変数，独立変数，回帰式，
予測値，最小2乗法，残差，偏回帰係数，線形モデル，重相関係数，決定係数，
分散説明率，自由度調整済み決定係数，回帰の標準誤差，標準偏回帰係数，β 係数，
多重共線性，一般化線形モデル，オッズ，対数オッズ，ロジット

第 7 章

因 子 分 析

　本章では，心理学研究で多用される統計的手法
の一つである因子分析を取り上げます。因子分析
では，多くの観測変数の背後にそれらの共通の原
因となる因子を仮定します。因子は直接測定する
ことができない潜在変数（構成概念）です。目で
見ることができない構成概念を観測変数で測定す
る，これを構成概念の操作的定義と呼びます。こ
のため，因子分析は尺度構成を目的とした心理学
研究でよく用いられます。

　因子分析は，探索的因子分析と確認的因子分析
に分類することができますが，本章では探索的因
子分析を解説します。

7.1 因子分析とは何か

7.1.1 研究例──ライフスキル尺度の作成

　まずは因子分析（factor analysis）がどのような目的で用いられるのか，実際の研究例を見てみましょう。嘉瀬・飯村・坂内・大石（2016）は，青年・成人のライフスキルを測定する尺度を開発しました。ライフスキルとは，「日常生活で生じるさまざまな問題や要求に対して，建設的かつ効果的に対処するために必要な能力」と定義されています（WHO, 1997）。嘉瀬・坂内・大石（2016）は，青年・成人のライフスキルを構成する 40 の行動と思考（例えば前向きな思考，自己の客観視など）を抽出しており，これに基づいて，嘉瀬・飯村ら（2016）は青年・成人のライフスキルを構成する具体的な行動や思考を表す項目を作成しました。これらの項目を用いて質問紙調査を行った場合，例えば，前向きな思考という項目に「よくあてはまる」と回答する人は，自己の客観視についても類似の回答を示すというように，全ての項目が一様に 1 つのライフスキルという概念を反映するものであるといえるでしょうか。あるいはいくつかの項目にはあてはまるが，他のいくつかの項目には異なる回答を示すというように，ライフスキルの中にも複数の異なる内容が想定されるでしょうか。

　類似の回答結果が得られる項目においては，そのような回答になる共通した原因があると考えられます。因子分析では，その共通した原因を，直接観測することのできない**潜在変数**である**因子**として，**観測変数**の背後に仮定します。因子分析の目的は，多くの観測変数間の相関関係を，少数の共通因子によって説明することにあります。このことから，心理学研究では，尺度構成のために因子分析が用いられることが多いです（コラム 7.1 参照）。

　本章で紹介する因子分析は**探索的因子分析**（exploratory factor analysis）と呼ばれるものです。探索的因子分析の主な目的は，複数の観測変数の背後にいくつの因子を仮定すれば，これらの観測変数間の関係を説明できるのか，また，それらの因子がどのように解釈できるのかを探索的に検討すること

表7.1　**因子パタン行列**（嘉瀬・飯村ら，2016より）

項目	F1	F2	F3	F4	h^2
F1. 意思決定（8項目，$\alpha = .82$）					
28　入手した情報が信頼できるかどうか適切に判断することができる。	.70	−.01	−.12	.06	.47
18　物事の損得について慎重に考えられる。	.63	.02	.16	−.12	.46
33　行動を起こす前に，あらかじめ起こり得るトラブルを想定できる。	.61	.09	−.04	−.10	.38
17　多くの情報から自分にとって重要なものを選択することができる。	.61	.09	−.00	.13	.44
25　様々な情報を，わかりやすいように整理できる。	.60	−.13	.19	.02	.44
30　情報をはじめから信じ込まず，信頼できるかどうか適切に判断することができる。	.56	−.12	−.08	.13	.30
35　行動を起こす前に，具体的な計画を立てられる。	.55	.03	.05	−.05	.32
32　インターネットなどのメディアを使って，有益な情報を集められる。	.54	.02	−.08	.02	.28
F2. 対人関係スキル（5項目，$\alpha = .77$）					
21　他人に対して思いやりのある言動をとることができる。	.02	.75	−.07	.01	.56
3　他人の気持ちを考慮した言動をとれる。	.03	.74	−.06	−.00	.54
4　他人の話を聞くとき，その人の立場に立って気持ちを想像できる。	.04	.68	.02	−.01	.48
19　他人の話すことを親身に聞いて，受け入れることができる。	−.05	.58	.04	.01	.33
10　喜んでいる人がいると，自分も一緒に嬉しい気持ちになる。	−.10	.41	.14	.09	.24
F3. 効果的コミュニケーション（5項目，$\alpha = .68$）					
1　自分の素直な気持ちを他人にはっきりと伝えられる。	−.06	.02	.69	−.03	.44
2　他人とは異なった独創的なアイデアを生み出せる。	.06	−.08	.52	.01	.28
40　自分自身の考えを他人に理解しやすいように伝えられる。	.27	−.07	.49	−.06	.36
22　声を出して笑うなど，自分の感情を素直に表現できる。	−.03	.31	.49	−.04	.38
13　初対面の人へ自分から積極的に話しかけることができる。	−.15	.01	.47	.19	.30
F4. 情動への対処（3項目，$\alpha = .77$）					
24　悲しいことがあっても，考え方を前向きに変えることができる。	.02	−.02	.12	.87	.85
12　つらいことがあっても，悪い方向に考えすぎない。	−.06	−.03	.01	.80	.62
7　自分自身の気持ちを落ち着かせるなど感情のコントロールができる。	.17	.16	−.13	.51	.33

因子間相関	F1	F2	F3	F4
F2	.20			
F3	.31	.24		
F4	.15	.26	.37	

す。次の第 8 章では**確認的因子分析**（confirmatory factor analysis）を取り
上げます。これは，共分散構造分析の枠組みで行われる分析で，すでに具体
的な因子分析のモデルがあるときに，そのモデルでデータをうまく説明でき
るかどうかを確認するために行われます。本章では，探索的因子分析のこと
を因子分析と呼んで解説を行っていくことにします。

　表 7.1 は嘉瀬・飯村ら（2016）による「青年・成人用ライフスキル尺度：
Life Skills Scale for Adolescents and Adults」の因子分析の結果です。ここで
は計 21 項目の観測変数を 4 つの因子（F1〜F4）で表現しています。表 7.1
には，因子分析の結果として算出される数値が示されています。これらの数
値の意味を理解するために，もう少し単純な例（国語，英語，社会のテスト
得点）で，因子分析で想定されるモデルを見てみましょう。

7.1.2　因子分析のモデル

　国語，英語，社会のテスト得点の間に正の相関があったとします。これら
の変数間の相関を，それらの共通の原因となる変数で説明できないかと考え
てみます。例えば，「文科系の能力」という共通の原因を仮定します。文科
系の能力の高低が国語，英語，社会のテスト得点に共通に影響し，その結果，
国語，英語，社会のテスト得点間の相関が生じていると仮定するのです。こ
の状況を，（7.1）〜（7.3）式のように表してみます。

$$国語 = A_1 \times 文科系の能力 + e_1 \tag{7.1}$$

$$英語 = A_2 \times 文科系の能力 + e_2 \tag{7.2}$$

$$社会 = A_3 \times 文科系の能力 + e_3 \tag{7.3}$$

　文科系の能力は各教科のテスト得点に共通して影響します。文科系の能力
が高くなれば，各教科の得点も高くなるでしょう。しかし，教科ごとにその
影響の強さは異なると考えられます。その違いを表すのが A_1〜A_3 の係数で
あり，各教科の得点が文科系の能力でどの程度説明できるかを意味します。
一方，各教科の得点には文科系の能力だけでは説明しきれない，独自の部分

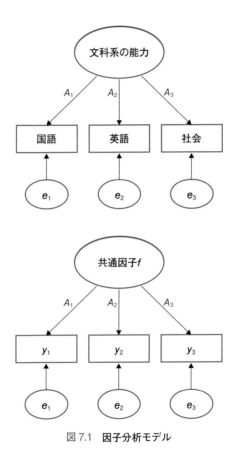

図 7.1 因子分析モデル

もあるでしょう。それらを $e_1 \sim e_3$ で表します。

　(7.1) 〜 (7.3) 式を図示したのが図 7.1 の上図です。この図（パス図と呼ばれ，第 8 章でも登場します）は，各教科のテスト得点が，共通する原因である文科系の能力と，それぞれの独自の部分である $e_1 \sim e_3$ によって説明されるというモデルを表しています。長方形で表された各教科のテスト得点は実際にデータとして入手することができるもので，観測変数と呼ばれます。一方，楕円で表された文科系の能力と $e_1 \sim e_3$ は，実際にデータとして入手することができない変数であり，潜在変数と呼ばれます。観測変数の背後に仮定される，自身は観測されない潜在変数のことを**共通因子**と呼びます（単に因子とも呼びます）。また，$e_1 \sim e_3$ を**独自因子**と呼びます。

　図 7.1 上図をより一般的に表現したのが，図 7.1 下図です。図 7.1 下図を数式で表現してみると，次のようになります。

$$y_1 = A_1 f + e_1 \tag{7.4}$$

$$y_2 = A_2 f + e_2 \tag{7.5}$$

$$y_3 = A_3 f + e_3 \tag{7.6}$$

　観測変数（y_1, y_2, y_3）が共通因子 f により説明されます。各観測変数が共通因子によってどの程度説明されるか，あるいは，y_1, y_2, y_3 がどの程度共通因子を反映しているかは A_1, A_2, A_3 により表現されます。これらの値のことを**因子負荷**（factor loading）と呼びます。

　上の (7.4) 〜 (7.6) 式をさらに一般化して，p 個の観測変数 $y_1, y_2, \cdots, y_j, \cdots,$ y_p が共通因子 f で説明されるとすると，

$$y_j = A_j f + e_j \tag{7.7}$$

と表すことができます。(7.7) 式のような，共通因子が 1 つだけのモデルを 1 因子モデルといいます。共通因子を複数設定することも可能です。p 個の観測変数を m 個の共通因子 $f_1, f_2, \cdots, f_m$ によって説明する因子分析モデルは，

コラム 7.1　尺度構成の手続き

　心理学の分野では，探索的因子分析は尺度構成の過程で用いられることがほとんどです。尺度構成は次のような手順で行われます。

手順 1.　測定したい構成概念を決定する
手順 2.　構成概念を測定するための操作的定義をする
手順 3.　手順 2 によって作成された記述文を（質問）項目の形式に変換し質問紙としてまとめる
手順 4.　（データ収集の後）探索的因子分析・項目を取捨選択する

　手順 1 で，尺度が測定する**構成概念**を決定します。構成概念そのものは直接観察することができないため，その構成概念を測定するための具体的な操作を定義します。これが手順 2 の操作的定義です（例えば，坂本(2008) を参照）。尺度構成においては，測定したい構成概念を定義する記述文を列挙していきます。例えば，対人恐怖という構成概念を測定するのであれば，「対人恐怖の度合いが強いほど，大学での友達の数は少ない」「対人恐怖の度合いが強いほど，外出の回数が少ない」というように，構成概念を客観的に観測できる現象（友達の数，外出の回数）によって定義する記述文を作成していきます。

　この作業が終了したら，次に，手順 3 で記述文の内容を質問項目に変換します。先ほどの記述文を項目に変換するのならば，「あなたの大学での友達の人数は？」「通学以外でのあなたの 1 週間の平均外出回数は？」というように，実際に受検者に提示する形式にしていきます。

　尺度構成の成功の可否は，特に手順 2 における構成概念の操作的定義にかかっているといっても過言ではありません。構成概念を適切に定義する記述文は，やみくもに増やしても効果はなく，先行研究や，専門家による徹底的な議論を参照した上で，蓄積していく必要があります。このようにして蓄積された記述文に基づいた質問項目は，構成概念をより妥当にとらえるようになります。

$$y_j = A_{j1}f_1 + A_{j2}f_2 + \cdots + A_{jm}f_m + e_j \tag{7.8}$$

と表現されます。

　ここで，先ほどの**表7.1**を見てみます。嘉瀬・飯村ら（2016）の研究では，21 個の観測変数に対して 4 つの共通因子を仮定しています（$p=21$, $m=4$）。表 7.1 は，行方向にライフスキルを表す項目を，列方向に共通因子をとり，因子負荷を並べた行列になっています。これを**因子パタン行列**と呼びます。例えば，一番上の項目 28 に対する第 1 因子（F1）の因子負荷の値は .70 と読みとれます。因子負荷は，絶対値が大きいほどその観測変数が当該の因子によってよく説明されることを意味します。表 7.1 では，項目 28, 18, 33, …はいずれも第 1 因子の因子負荷が大きな値（.70, .63, .61, …）を示しており，これらの項目が第 1 因子によってよく説明されることが示されています。項目 21, 3, 4, …はいずれも第 2 因子の因子負荷が大きな値（.75, .74, .68, …）を示しており，これらの項目が第 2 因子によってよく説明されることがわかります。第 3 因子，第 4 因子についても同様です。

　ところで，（7.8）式を第 6 章の重回帰モデルの（6.4）式と比べてみましょう。

$$y = A_1f_1 + A_2f_2 + \cdots + A_mf_m + e \tag{7.8}$$

（観測変数を表す添え字 j を省略した）

$$y = a + b_1x_1 + b_2x_2 + \cdots + b_px_p + e \tag{6.4}$$

　（7.8）式の因子分析モデルは，観測変数を従属変数に，共通因子を独立変数に，因子負荷を偏回帰係数に対応させれば，切片 a を除いて（6.4）式の重回帰モデルと同じ形をしています（第 3 章で紹介した線形モデルを参照）。因子負荷は，観測変数がその因子によってどの程度説明できるかを表すと先に述べましたが，より具体的には重回帰分析における偏回帰係数と同様の解釈が成り立ちます。因子分析では通常，観測変数も共通因子も標準化されていると考えるので，因子負荷は「他の共通因子の値を固定したまま，その共

| コラム 7.2 | 研究例「入学前の大学生活への期待と入学後の現実が大学適応に及ぼす影響」 |

千島・水野（2015）は，大学入学後に大学生活にうまく適応できるかどうかについて，入学前の大学生活への期待と入学後の現実とのギャップに焦点を当てた研究を行っています。彼らは，大学生活への適応に影響を及ぼす大学生活への期待について，先行研究では学業領域のみに注目されていた点，また学業領域以外の複数の領域について検討される場合にも，それらの領域があらかじめ研究者によって恣意的に決定されている点を問題として挙げています。この問題を解決するため，千島・水野（2015）は，大学生を対象に大学生活への期待や現実を自由記述方式で尋ね，その回答をもとに領域数や領域内容を検討した上で質問項目を作成しています。この質問紙を用いて，316 名の大学 1 年生を対象に調査が行われ，各項目について「1. まったくあてはまらない」から「7. とてもよくあてはまる」までの 7 件法で回答を求めており，項目ごとに期待と現実それぞれの回答の平均と標準偏差が算出されています。そして，これらの回答データに対して探索的因子分析を実行することで，大学生活への期待について検討すべき領域を探索的に把握することが試みられています。

千島・水野（2015）の因子分析では，初期解の計算法として最尤法，回転法としてプロマックス回転を用いています。表 7.2 は論文に掲載された因子分析結果の表です。表 7.2 では，因子名とともに α 係数が記載されています。また，因子負荷の絶対値の高い順に項目が並べ替えられています。そして，因子パタン行列の下部には因子間相関が書かれています。千島・水野（2015）は，分析の結果から 4 因子を抽出しています。因子の解釈の概要は以下の通りです。第 1 因子は，大学に入ったら，遊ぶ時間がたくさんあると思っていたなど，時間の余裕と自由な生活への期待に関連する項目で構成されており，時間的ゆとりと命名されています。第 2 因子は，大学では，親しい友人ができると思っていた，など友人関係への期待に関連するもので，友人関係と命名されています。第 3 因子は，大学では，楽しい行事がたくさんあると思っていた，など大学生活で想像され得る行事への期待に関連するもので，行事と命名されています。第 4 因子は，大学生になったら，専門的な知識を学べると思っていた，など学業への期待に関連するもので，学業と命名されています。

通因子の値を 1 標準偏差増加させたときに，観測変数が何標準偏差分変化するか」を表すことになります。ただし，因子分析では独立変数や誤差に相当する共通因子や独自因子が潜在変数であること，p 個の観測変数について (7.8) 式のモデルを同時に立てている点が異なります。

　因子分析の結果，各観測変数に**共通性**と呼ばれる値も算出されます（**表 7.1** では最右列の h^2 が共通性を表しています）。共通性とは，観測変数の分散のうち，共通因子で説明できる部分の割合を表した値です。**表 7.1** では，項目 28 の共通性が .47 と示されています。これは，この項目に対して，抽出された 4 つの共通因子を合わせた影響が 5 割弱であることを表します。共通性は，重回帰分析における決定係数と同様の解釈ができます。

　各観測変数の分散のうち，共通因子では説明されない部分の割合を示す値を**独自性**と呼びます。独自性は，各観測変数に対する独自因子の影響の程度を表し，1−共通性によって求められます。

　観測変数の分散の総和のうち，各共通因子によって説明される分散の大きさを表したものを**因子寄与**と呼びます。直交解（後述）では，因子ごとの因子負荷の 2 乗和となります。また，観測変数の分散の総和のうち，各共通因子で説明できる分散の大きさを割合で示したものを**因子寄与率**と呼びます。因子分析では通常，各観測変数の分散は標準化されて 1 となっているので，その総和は観測変数の数（p）と等しくなります。よって，因子寄与率は，因子寄与÷観測変数の数×100（％）で計算されます。さらに，共通因子を複数設定した場合，第 1 因子からある因子までの因子寄与率を合計した値を**累積寄与率**といいます。これは，いくつまでの因子で観測変数全体の分散を何割説明できたかを示す値です。

7.2　因子分析の手順

　ここでは，架空の 5 教科のテスト得点のデータを使って，因子分析の具体的な手順を紹介します。**表 7.3** は，5 教科のテスト得点データから算出した

表7.2 千島・水野（2015）による因子分析結果

大学生活への期待項目の因子分析結果（最尤法・プロマックス回転後）

		F1	F2	F3	F4	h^2	M	(SD)
時間的ゆとり $\alpha=.88$ ($\alpha=.86$)								
E	大学に入ったら，遊ぶ時間がたくさんあると思っていた。	.92	−.13	.05	−.05	.74	5.63	(1.39)
	（大学では，遊ぶ時間がたくさんある。）						4.43	(1.70)
A	自由な時間の多い大学生活を送れると思っていた。	.90	−.05	−.07	.04	.72	5.84	(1.31)
	（大学では，自由な時間が多い。）						4.87	(1.68)
E	大学生になったら，たくさん遊べると思っていた。	.89	−.05	.05	−.05	.76	5.74	(1.42)
	（大学に入ってから，たくさん遊んでいる。）						4.93	(1.67)
A	気楽な大学生活を送れると思っていた。	.65	.14	−.06	−.02	.51	5.24	(1.53)
	（気楽な大学生活を送っている。）						4.71	(1.68)
A	ゆとりのある大学生活が送れると思っていた。	.64	.18	−.15	.08	.53	5.67	(1.36)
	（ゆとりのある大学生活を送っている。）						4.55	(1.69)
D	大学では，ゆるいサークル活動・部活動ができると思っていた。	.47	.00	.09	.07	.30	5.16	(1.53)
	（大学では，ゆるいサークル活動・部活動を行っている。）						4.37	(1.89)
友人関係 $\alpha=.88$ ($\alpha=.81$)								
E	楽しい大学生活を送れると思っていた。	−.13	.88	.00	.02	.68	6.02	(1.15)
	（楽しい大学生活を送っている。）						5.93	(1.14)
B	大学では，親しい友人ができると思っていた。	−.07	.86	−.02	−.04	.62	5.47	(1.44)
	（大学に，親しい友人がいる。）						5.93	(1.13)
D	大学に入れば，楽しいサークル活動・部活動ができると思っていた。	.02	.73	−.02	.02	.55	5.85	(1.25)
	（大学では，楽しくサークル活動・部活動をしている。）						5.73	(1.43)
B	大学では，人脈が広がると思っていた。	.13	.58	.03	.09	.54	5.93	(1.17)
	（大学に入学して，人脈が広がった。）						5.61	(1.23)
B	大学では，異性の友人ができると思っていた。	.14	.55	.07	−.04	.45	5.47	(1.47)
	（大学に，異性の友人がいる。）						5.54	(1.44)
B	大学に入ったら，いろいろな人と関われると思っていた。	.09	.53	.18	.07	.56	6.05	(1.03)
	（大学では，いろいろな人と関わっている。）						5.49	(1.25)
E	華やかなキャンパスライフを送れると思っていた。	.22	.42	.30	−.14	.55	5.31	(1.50)
	（華やかなキャンパスライフを送っている。）						4.14	(1.59)
行事 $\alpha=.83$ ($\alpha=.78$)								
D	大学では，楽しい行事がたくさんあると思っていた。	−.07	−.06	.90	.10	.77	5.38	(1.44)
	（大学には，楽しい行事がたくさんある。）						4.92	(1.36)
D	大学では，いろいろな行事に参加できると思っていた。	.01	.08	.74	.08	.70	5.35	(1.38)
	（大学では，いろいろな行事に参加している。）						4.56	(1.51)
E	大学では，コンパや食事会にたくさん参加できると思っていた。	.04	.19	.62	−.11	.51	4.96	(1.61)
	（大学で，コンパや食事会にたくさん参加している。）						4.25	(1.65)
学業 $\alpha=.75$ ($\alpha=.79$)								
C	大学生になったら，専門的な知識を学べると思っていた。	.02	.23	−.17	.75	.68	6.30	(0.76)
	（大学では，専門的な知識を学べる。）						5.44	(1.12)
C	大学では，幅広く知識を得ることができると思っていた。	.10	−.05	.15	.68	.59	5.91	(1.05)
	（大学では，幅広い知識を得ている。）						5.00	(1.14)
C	大学に入ったら，自分の興味のある勉強に専念できると思っていた。	−.04	.12	−.08	.63	.43	6.01	(1.02)
	（大学では，自分の興味のある勉強に専念している。）						4.86	(1.43)
C	大学の講義は，面白いだろうと思っていた。	−.05	−.26	.29	.55	.34	5.74	(1.27)
	（大学の講義は，面白いと思う。）						4.95	(1.30)

因子間相関	F1	F2	F3	F4
F1 時間的ゆとり				
F2 友人関係	.64			
F3 行事	.49	.55		
F4 学業	.33	.51	.41	

注1：.40以上の因子負荷量を太字で示した。
注2：項目番号の前のアルファベットは，予備調査で得られたカテゴリーを表す。
　　　Aは"自由な生活"，Bは"人間関係"，Cは"学業"，Dは"課外活動"，Eは"享楽"，Fは"自己成長"である。
注3：括弧内の項目は，大学生活の期待項目に対応している現実項目である。

　千島・水野（2015）は，抽出された4因子をもって，大学生活への適応に影響を及ぼすと考えられる大学生活への期待について検討すべき4領域，すなわち時間的ゆとり，友人関係，行事，学業を示しました。これらのうち友人関係と学業は先行研究においても指摘されていたものである一方，新たに時間的ゆとりおよび行事という領域が示されたと報告されています。因子分析を行うことで，多岐にわたる大学生活への期待について，共通する内容を4つの因子でまとめ，大学生活への適応について検討すべき領域を客観的に設定することができたといえます。

相関係数を行列の形で示したものです（これを相関行列と呼びます）。これを見ると，国語と英語との間に .61，社会との間に .53 の正の相関があります。同じく英語と社会との間に .63，数学との間に .41 の正の相関があります。また数学と理科の間にも .59 の正の相関があることがわかります。これらの相関関係を，共通する因子によって説明することを目的として，因子分析を実行してみます。

7.2.1 因子数の決定

　因子分析の手順を**表7.4**に示しました。手順1は，因子数の決定です。因子数の決定方法として下記のようなものが提案されています。

1. 値が1以上となる**固有値**の数を因子数とする。
2. **スクリープロット**を見て，固有値の変化がなだらかになるところを見つけ，なだらかになる1つ前までの固有値の数を因子数とする。
3. 先行研究の結果などをもとに，解釈しやすい因子数にする。
4. 因子寄与率の値によって決める。

　1や2の方法を用いる場合，観測変数間の相関行列の固有値を求めます。観測変数と同数の固有値が得られますが，それらを大きい順に並べたとき，先頭のものから順に抽出される因子に対応します。固有値が大きいほど，その因子は分析の対象となった観測変数に対して大きな影響力を持つ重要な因子であると判断できます。どの程度固有値が大きければ重要な因子であるとみなすかについて，固有値の大きさが1以上であるとする基準があります（Guttman-Kaiser 基準；方法1）。

　図7.2はスクリープロットと呼ばれる図です。スクリープロットは，縦軸に固有値の値を，横軸に因子の数をとって直線で結んだものです。これを見ると，第3因子以降では減少がなだらかになっていることが読みとれます。そこで，1つ前の第2因子までを因子数とするという判断をすることもあります（Cattell のスクリー基準；方法2）。方法3は，各研究領域の知見を踏まえ，いくつの因子を設定すれば解釈しやすいかを考えて因子数を決定する

表7.3 5教科のテスト得点データの相関係数行列

	国語	英語	社会	数学	理科
国語	1				
英語	.61	1			
社会	.53	.63	1		
数学	.23	.41	.25	1	
理科	.20	.36	.32	.59	1

表7.4 因子分析の手順

手順1	因子数を決定する
手順2	初期解を求める
手順3	因子軸の回転を行う
手順4	因子分析に適さない項目を取り除く
手順5	再び因子分析を行う （手順4と5を繰り返す）
手順6	最終的な因子分析結果をもとに，因子の解釈を行う

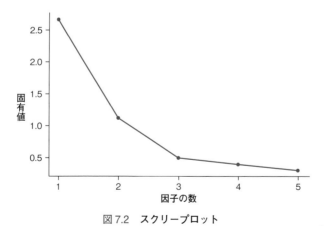

図7.2 スクリープロット

方法です。方法 4 は，累積寄与率の値が 50 ％を超えるところまでを因子として採用する，すなわち因子によって観測変数全体の分散の半分は説明されることを基準とする方法です（小杉，2018）。これらのもの以外にも，種々の統計的指標によって判断する方法があります（**コラム 7.3** 参照）。今回の例では，1，2 の方法に基づき因子数を 2 と設定します。

7.2.2　初期解の計算

　手順 2 は，**初期解**の計算です。初期解は，最初に求められる因子負荷の値です。初期解のための計算方法として，主因子法，最小 2 乗法，最尤法などがあります（近年の使用傾向を**コラム 7.4** で紹介しています）。

　初期解の計算においては，共通性の値が 1 を超えてしまう不適解と呼ばれる結果が算出される場合があります。市川（2008）は，不適解が生じる原因と対策について，「不適解の原因ですが，データに含まれる情報が不足しているかあるいはモデルが適切でないかの 2 つに大別されます。……実際に不適解が生じた場合には，初期値や推定方法を変えて推定値を求めたり，推定値の標準誤差を吟味するなど，さまざまな情報から不適解の原因を詳しく調べて対処しなければなりません」と述べています（p.142）。今回の例では，初期解の計算法として主因子法を用いることにします。

7.2.3　因子軸の回転

　手順 3 は，**因子軸の回転**です。**表 7.5** は初期解の因子パタン行列を示しており，これをプロットしたものが**図 7.3** です。横軸が第 1 因子，縦軸が第 2 因子の因子負荷を表します。これを見ると，国語・英語・社会は，理科・数学に比べると第 1 因子に高い因子負荷を示し，一方，理科・数学は第 1 因子，第 2 因子ともに高めの因子負荷を示しています。このように初期解は通常，**単純構造**になっておらず，このままでは因子の解釈（後述）が難しいのです。単純構造とは，各因子は比較的少数の観測変数についてのみ因子負荷が高く，各観測変数はある 1 つの因子についてのみ因子負荷が高くなる構造のことで

コラム7.3　因子数の決定法

　7.2.1項では因子数の決定法として，固有値が1以上となるところまでを因子数とする（方法1），固有値をグラフで表現し（スクリープロット），折れ線がなだらかになる直前までの固有値の数を因子数とする（方法2），先行研究の知見をもとに決める（方法3），因子寄与率の値を目安にして決める（方法4），という4つの方法を紹介しました。これらの方法の他に，統計的な性質に基づいて因子数を決定する基準を設ける方法がいくつか提案されています。ここではこれらのうち，平行分析，VSS基準，MAP基準を紹介します。

　平行分析では，観測変数と同数の相互に独立な変数から，分析対象となっているデータと同じサンプルサイズのデータをランダムに生成して，その相関行列から固有値を求めます。これを何度も繰り返して，実際の固有値と比較します。実際の固有値の方が十分に大きい（例えば，生成された固有値の95パーセンタイルよりも大きい）とみなせる固有値の数を因子数とします。この方法に基づくと，7.2節で使用した5教科のデータでは，因子数は2となります。

　VSS（Very Simple Structure）基準は，各観測変数がその因子によって説明されるならば因子負荷の値を最大である1に，そうでないならば0に近づくような，単純な因子構造となるように因子数を決定する方法です。この方法を採用すると，5教科のデータでは，平行分析と同じく2となります。

　MAP（Minimum Average Partial）基準は，共通因子の影響を取り去ったときの観測変数間の偏相関係数の2乗の平均が最小となるような因子数を提案する方法です。この方法を採用すると，5教科のデータでは因子数は1となります。

す。解釈が難しいままでは困りますが，実は，因子分析には解が一意に定まらない，**解の不定性**と呼ばれる性質があります。この性質を利用して，因子軸の回転という操作を行い，因子パタン行列を単純構造に近づけます。回転方法には，大きく分けて直交回転（**直交解**が得られる）と斜交回転（**斜交解**が得られる）があります。

1.　直交回転……因子間の相関なし。例：バリマックス回転，クォーティマックス回転。

2.　斜交回転……因子間の相関あり。例：プロマックス回転，オブリミン回転。

　表 7.6 は直交回転のバリマックス回転後の因子パタン行列であり，図 7.4 はそのプロットです。この図は，図 7.3 の第 1 因子，第 2 因子の軸をそれぞれ右に 35 度ほど回転させたものになっています。直交回転では，プロットと原点（2 つの因子の軸が交わる点）の相対的な位置関係を変化させなければ，軸同士の角度を垂直に保ったまま，軸を自由に回転させることができます。軸同士が垂直，すなわち直交しているので，直交回転といいます。回転後の第 1 因子は，国語・英語・社会が高い因子負荷を示し，第 2 因子は，理科・数学が高い因子負荷を示しています。回転前に比べ因子負荷にメリハリがつき，因子の解釈がしやすくなっています。

　表 7.7 と図 7.5 は斜交回転であるプロマックス回転を行った結果とそのプロットです。図 7.5 では第 1 因子の軸を右に 22 度ほど，第 2 因子の軸を右に 50 度ほど回転させています。斜交回転では，2 つの軸を直交させたまま回転するという制約がなく，各因子の軸を別々に回転させます。因子軸が互いに直交しないということは，因子間に相関があってもよいことを意味します。表 7.8 には，第 1 因子と第 2 因子に .48 の正の相関があることが示されています。斜交回転を行うと，直交回転と比べてより単純構造がはっきりとします。図 7.5 では図 7.4 の直交解と比べて，国語・社会が第 1 因子により高い因子負荷を，第 2 因子にはより低い因子負荷を示し，同様に理科・数学は第 2 因子により高い負荷を，第 1 因子にはより低い因子負荷を示していま

表 7.5 初期解の因子パタン行列

	因子 1	因子 2
国語（x1）	.64	−.34
英語（x2）	.83	−.22
社会（x3）	.69	−.26
数学（x4）	.60	.50
理科（x5）	.58	.48

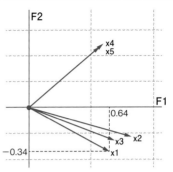

図 7.3　初期解のプロット

表 7.6　バリマックス回転後の因子パタン行列

	因子 1	因子 2
国語（x1）	.72	.10
英語（x2）	.80	.31
社会（x3）	.71	.20
数学（x4）	.19	.76
理科（x5）	.19	.73

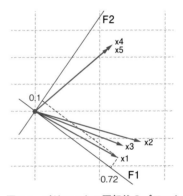

図 7.4　バリマックス回転後のプロット

表 7.7　プロマックス回転後の因子パタン行列

	因子 1	因子 2
国語（x1）	.77	−.09
英語（x2）	.79	.12
社会（x3）	.73	.02
数学（x4）	.00	.78
理科（x5）	.00	.75

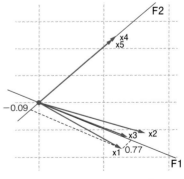

表 7.8　因子間相関

	因子 1	因子 2
因子 1	1	
因子 2	.48	1

図 7.5　プロマックス回転後のプロット

す。英語は第2因子に対してより低い因子負荷を示しています。直交解より
も因子負荷にメリハリがつき，因子の解釈がさらにしやすくなったといえま
す（近年の心理学研究における回転方法の利用状況については，**コラム7.4**
を参照して下さい）。

7.2.4　項目の削除

　手順4，5は，項目の削除と因子分析の再実行です。尺度構成のために因
子分析を行う場合には，尺度構成に適さない項目を取り除き，再度因子分析
を実行するというプロセスがあります。因子軸の回転を行ったことで，因子
パタン行列は単純構造に近づいているはずです。しかし，因子パタン行列に
下記のような項目が含まれることがあります。

・どの因子にも高い因子負荷を示さない（例えば，どの因子に対しても因子
負荷の値（の絶対値）が.4未満となるなど）。

・1つだけではなく複数の因子に高い因子負荷を持つ（例えば，因子1にも
.54の因子負荷を持ち，因子2にも.45の因子負荷を持つなど）。

　これらは，尺度構成において適切でない項目とみなされ，適宜これらの項
目を除外して再度因子分析を行います。こうして，尺度構成に適さない項目
がなくなるまで因子分析を繰り返すのです。

　なお，上では「高い因子負荷を示さない」ことの基準を.4未満の因子負
荷としましたが，これは絶対的な基準ではありません。こうした基準は研究
によって異なり，機械的に基準を適用できるということでもありません。ま
た，項目削除の観点として，内容的妥当性についても確認する必要がありま
す。内容的妥当性とは，作成した尺度の内容が本来測定したい構成概念を的
確に反映している程度を表します。内容的妥当性の確認のためには，その領
域の複数の専門家による項目の内容の確認と評価の作業が必要となります。

7.2.5　因子の解釈

　手順6は，因子の解釈です。**因子の解釈**とは，因子負荷の値を見て，各因

コラム 7.4	因子分析の初期解の計算方法と因子の回転の方法について

SPSS などの統計ソフトでは，因子分析の初期解の計算方法として様々なオプションが用意されています。同様に，因子軸の回転の方法についても色々選択肢があります。こうした複数のオプションの中で，現在の心理学研究では，どの方法がよく用いられているのでしょうか。鈴木（2018）は，2012 年度の「教育心理学研究」に掲載された 28 の論文と，同じく 2017 年度に掲載された 47 の論文を対象に，探索的因子分析において用いられた初期解と回転の手法をまとめています（表 7.9）。

表 7.9 **因子分析の初期解の計算法と因子の回転法の利用頻度**（鈴木，2018）

		1996 年度	2006 年度	2009 年度	2012 年度	2017 年度
初期解	主因子法	14	16	7	5	3
	最小二乗法	0	2	2	0	3
	最尤法	0	1	3	5	12
	ミンレス法	0	0	1	0	0
回転法	バリマックス回転	11	8	1	1	1
	プロクラステス回転	1	1	0	0	0
	プロマックス回転	5	10	13	7	14
	オブリミン回転	0	1	0	0	0
	ジェオミン回転	0	0	0	0	1
	総論文数	46	48	38	28	47

注 1：1996 年度と 2006 年度の集計結果は栗田（2007），2009 年度の集計結果は孫（2010）によるものである。
注 2：総論文数には「展望」論文を含んでいない。

表 7.9 から，回転法については，1996 年度ではバリマックス回転が主流で，その後はプロマックス回転が最も利用されていることがわかります。鈴木（2018）は，初期解の推定法として，「かつては主因子法による因子分析が主流であったが，2012 年度は最尤法と主因子法の利用が同程度であり……」，2017 年度では，「……初期解の推定法として最尤法が主流になっている」と述べています。また，初期解の推定法として最尤法が増加した背景として，最尤法の使用を推奨するテキストの増加や，最尤法を利用した研究の影響を挙げ，最尤法の使用の増加が必ずしも推定法についての理解が深まったことを意味するわけではないと述べています。最尤法・プロマックス回転の使用については，「『先行研究で最尤法が使われていたから』『テキストの例が最尤法だったから』と盲目的に『最尤法・プロマックス回転』を選択するのではなく，各推定法や回転法の特徴を理解した上で，それらが使い分けられていくことが望まれる」と指摘しています。

子を強く反映する観測変数（項目）の内容から，その因子の内容を推測する作業です。因子の解釈は，**因子の命名**とも呼ばれます。

　表7.10は表7.6と同じくバリマックス回転後の因子パタン行列を示しています。これを見ると，第1因子は，国語，英語，社会の因子負荷が大きく（それぞれ.72, .80, .71）なっています。このことから，文系能力の因子と命名しましょう。第2因子は，数学，理科の因子負荷の値が大きく（それぞれ.76, .73）なっています。このことから，理系能力の因子と命名しましょう。以上により，第1因子：文系能力，第2因子：理系能力と因子の解釈を行うことができました。

　尺度の開発のために因子分析を行った場合には，因子の解釈に基づいて尺度構成を行います。尺度構成上の重要な観点として，信頼性があります。信頼性は，測定値に含まれる誤差の小ささを表します。その指標としてクロンバックの α 係数が用いられることが多いです。因子分析を行うことで，ある因子によって共通して説明される項目をまとめることができます。因子負荷等を見ながら項目を選定することで，信頼性の高い尺度を構成することが可能となります。なお，尺度構成の方法や信頼性に関する詳しい説明については，心理学研究法のテキストを確認して下さい（例えば，村井（2012）や村井・藤川（2018）など）。

　因子の解釈についての注意点を，南風原（2002）は次のように述べています。「……因子分析で得られる因子というのは，研究者が用意した観測変数のうち，互いに高い相関をもつ変数群に共通に反映されていると考えられる潜在変数のことであり，あくまでも最初に用意した変数に依存するものです。心理学の研究報告の中には，因子分析が，そうした意味や制約を越えて，何か真の心理構造のようなものを示してくれるかのような過剰な解釈がみられることがあるので，注意が必要です」（p.327）。因子分析の結果を，実際以上に大げさにとらえないことが大切です。

　表7.10には共通性，独自性，因子寄与，因子寄与率，累積寄与率の値も示しています。直交解の場合，共通性は各観測変数についての因子負荷の2

コラム 7.5　　クリシンしてみよう（1）

問：以下は，ある大学生が書いた卒業論文（題目「中学生の学習ストレスコーピング尺度の作成」）の一部（「方法」と「結果」の一部）です。この論文から，因子分析を行う際の注意点について学びましょう。

> **方法**：O 県内の公立中学校の 3 年生 90 人を対象に質問紙調査を行った。「中学生の学習ストレスコーピング尺度」を作成するため，大学生を対象とした予備調査に基づき 36 項目を選定した。各項目について，中学 3 年生でも内容が理解できるように字句の修正を行った。各項目について，5 件法（5. とても当てはまる～1. 全く当てはまらない）により回答を求めた。
>
> **結果**：「中学生の学習ストレスコーピング尺度」の因子構造を解明するため，因子分析（主因子法）を行った。まず，項目ごとのヒストグラムを作成し，分布に著しい偏りがあった項目を除外した。この結果 6 項目が削除され，30 項目が因子分析の対象となった。スクリープロットにより，固有値の値が，7.5，1.2，1.1，0.8，…となった。第 1 因子の寄与率が高くなった。第 1 因子への因子負荷の値が全て 0.4 以上であったため，全 30 項目は全体で 1 つの概念を測定していることが示唆された。固有値が 1.0 以上を基準として，因子分析（主因子法・プロマックス回転）を行った。因子の解釈可能性を考慮し，3 因子が妥当であると判断した。因子負荷量が全ての因子で 0.3 未満の項目を削除し，再度因子分析を行った。この結果，……（筆者注：この後，実際の論文では，因子パタン行列が掲載され，因子の解釈が行われているとしますが，ここでは省略します）。第 1 因子は「前向き方略」（10 項目），第 2 因子は「後ろ向き方略」（5 項目），第 3 因子は「保留方略」（5 項目）と命名された。

　上記の文章は，実際の卒業論文ではなく，仮の例ですが，実際に因子分析を行う際に気をつけておくべき点をいくつか含んでいます。

乗和になります。例えば理科の共通性は，$(.19)^2 + (.73)^2 = .57$ となります。これは理科のテスト得点の分散（テスト得点が標準化されているとしたら，理科のテスト得点の分散は 1 です）のうち，57％が第 1 因子と第 2 因子で説明できるということです。独自性は 1 − 共通性で求められます。例えば理科の独自性は，$1 - .57 = .43$ となります。因子寄与は，直交解の場合，因子ごとの因子負荷の 2 乗和になります。第 1 因子については，$(.72)^2 + (.80)^2 + (.71)^2 + (.19)^2 + (.19)^2 = 1.73$，第 2 因子については，$(.10)^2 + (.31)^2 + (.20)^2 + (.76)^2 + (.73)^2 = 1.26$ となります。因子寄与率は，因子寄与÷観測変数の数 $\times 100$（％）で計算されます。第 1 因子については，$1.73 \div 5 \times 100 = 34.6$％，第 2 因子については，$1.26 \div 5 \times 100 = 25.2$％となります。これらを合計して，累積寄与率は 59.8％となります。2 つの因子で項目全体の分散のうち 6 割程度が説明されたことがわかります。

　因子分析を行い，個々の観測変数の背後にあると考えられる原因を探ることは，私たちの行動を説明する理論の構築に貢献し得るものであるといえます。一方で，因子分析の結果は研究者がどのような観測変数を用意して分析を行うかに依存します。また，ある研究で見出された因子の構造が，別の対象者についての研究でも同様に確認されるとは限りません。一度の因子分析の結果を過大評価せず，十分に注意して解釈する必要があるといえます。

参 考 図 書

松尾　太加志・中村　知靖（2002）．誰も教えてくれなかった因子分析——数式が絶対に出てこない因子分析入門——　北大路書房

　心理学研究で因子分析を実施する，あるいは，因子分析が行われている心理学の論文を読む際に必要となる知識がわかりやすく整理されています。卒業論文で因子分析をやってみようと思う方は読んでみるとよいでしょう。

南風原　朝和・平井　洋子・杉澤　武俊（2009）．心理統計学ワークブック——理解の確認と深化のために——　有斐閣

　この本の第 10 章では，因子分析と共分散構造分析を扱っています。演習問題を

コラム 7.5　クリシンしてみよう（2）

答：

注意点 1. サンプルサイズの問題……因子分析では，安定した解を得るためにある程度大きなサンプルサイズが必要です。36 項目の因子分析を行うのに，90 名という研究対象者の人数は少ない印象を受けます。確実な基準はありませんが，慣習的には項目数の 5 倍という意見もあります。この慣習に従うと，36×5＝180 名は欲しいところです。

注意点 2. 1 因子性の高さ……固有値の変化（固有値の減衰状況）を見ると，7.5，1.2，1.1，0.8，…となっており，明らかに 1 次元性が高いです。この因子分析は 1 因子で解釈を行う方が適切と思われます。論文中では「全 30 項目は全体で 1 つの概念を測定していることが示唆された」と書かれているにもかかわらず，3 因子を指定した因子分析を行っているのは疑問です。

注意点 3. 因子分析結果の記述……「因子の解釈可能性を考慮し，3 因子が妥当であると判断した」とありますが，「因子の解釈可能性」という表現がやや曖昧な印象を受けます。さらに，「因子構造が解明された」という表現がオーバーです。因子分析の結果は，研究者の用意した特定の項目間の相関関係を説明するものにすぎませんし，別のデータで同じ結果が再現される保証もありません。1 回の因子分析の結果だけで，「因子構造が解明された」といってしまうのは，言いすぎといえるでしょう。

表 7.10　因子負荷，共通性，独自性，因子寄与，因子寄与率，累積寄与率

	因子1	因子2	共通性	独自性
国語 (x1)	.72	.10	.53	.47
英語 (x2)	.80	.31	.74	.26
社会 (x3)	.71	.20	.54	.46
数学 (x4)	.19	.76	.61	.39
理科 (x5)	.19	.73	.57	.43
因子寄与	1.73	1.26		
因子寄与率	34.6	25.2		
累積寄与率	34.6	59.8		

解きながら，理解を深めることができます。

豊田 秀樹（編著）（2012）．因子分析入門——Rで学ぶ最新データ解析——　東京
　　図書

　統計ソフトRを用いた因子分析の方法と，因子分析自体の理論的解説がバラン
スよく書かれています。

三土 修平（1997）．初歩からの多変量統計　日本評論社

　因子分析を理論的に理解するには，線形代数の知識が必要となります。この本で
は，そうした行列演算についてもわかりやすく解説されています。次の永田・棟近
（2001）と合わせて読むと理解が深まるでしょう。

永田 靖・棟近 雅彦（2001）．多変量解析法入門　サイエンス社

　因子分析だけでなく，様々な多変量解析を対象とした教科書です。因子分析の理
論面をわかりやすく学ぶことができます。

キーワード

因子分析，潜在変数，因子，観測変数，探索的因子分析，確認的因子分析，共通因
子，独自因子，因子負荷，構成概念，因子パタン行列，共通性，独自性，因子寄与，
因子寄与率，累積寄与率，固有値，スクリープロット，初期解，因子軸の回転，単
純構造，解の不定性，直交解，斜交解，因子の解釈，因子の命名

第 **8** 章

共分散構造分析

　第7章で学んだ探索的因子分析は，観測変数の背後にある潜在変数を抽出する手法でした。心理学研究では，潜在変数間の相関関係や因果関係に興味がある場合が多く，観測変数と潜在変数を統合的に扱える統計手法の登場が長らく待たれていました。

　本章で解説する共分散構造分析は，まさにそのような要望に応える分析手法で，PCの処理能力の向上やソフトウェアの充実に対応する形で，1990年代後半から心理学研究の領域で急速に普及しました。現在，共分散構造分析を適切に使用できることは，心理学者にとっての基本スキルとなっています。ここでは，「共分散構造分析で何ができるか」という観点からこの方法の入門的解説を行います。

8.1 確認的因子分析——探索的因子分析を越えて

　心理学研究を進める上で心理尺度は重要なツールですが，心理尺度を作成する場合には，前章で解説した**探索的因子分析**（exploratory factor analysis; EFA）を適用することが多いです。

　表 8.1 は畑野（2010）によって報告された，27 項目（＝3 因子×9 項目）に対する EFA の因子パタン行列です。この因子パタン行列は，プロマックス回転によって得られた回転後の因子負荷量によって構成されています。各因子が高く寄与する項目の因子負荷量が四角で囲まれています。また，四角で囲まれていない部分については，0 に近い負荷量が得られています（前章で学んだ単純構造が明確に得られています）。

　この結果に基づいて，畑野（2010）は「意図伝達尺度」「意図抑制尺度」「意図理解尺度」の 3 尺度を構成しています。尺度の区別は，**表 8.1** 中の横罫線で表現されています。尺度ごとの α 係数は，順に 0.90，0.86，0.87 となっています。内的整合性の観点からの信頼性の根拠としては良い数値が出ています。しかし，これらの結果に基づいて 3 つの尺度を構成する場合，少し気になる点があります。例えば，「意図抑制尺度」に含まれる項目「意・抑 6」は，「意図伝達因子」からは 0.14，「意図理解因子」からは -0.13 の因子負荷を得ています。それを 0 として各尺度を作成することになるのですが，はたしてそれでよいのか？という問題です。

　厳密にいえば，わずかですが影響があるのですから，この影響を「0」に固定する場合，その判断が客観的な基準を満たしていることが求められます。この問いをもっとフォーマルに言い直してみると，「各因子と項目の影響関係に，事前に仮説が立てられているのならば，その仮説がデータをよく説明するのかを，何らかの基準に基づいて客観的に評価しているのか」ということになります。**確認的因子分析**（confirmatory factor analysis; CFA）とは，そのような仮説評価に用いる分析手法です。具体的に解説しましょう。図 8.1 は，表 8.1 の分析結果の一部を抜粋した EFA の概念図です。楕円は因子

表 8.1　**EFA と CFA の結果の併記**（畑野，2010 より一部抜粋）

SCS の因子パターン（主因子法・Promax 回転），平均値（標準偏差），α 係数および因子間相関（N=254）

項目	F1	F2	F3	平均値 (SD)	CF[a]
〈意図伝達〉（α =.90）					
意・伝5　＊伝えたいことをうまく言葉にすることができない。	.82	−.06	−.08	3.73 (1.18)	.70
意・伝2　相手に自分の感じていることを正確に伝えることができる。	.79	.07	−.03	3.73 (1.06)	.81
意・伝6　＊自分が感じていることをうまく表現できない。	.75	.00	.00	3.98 (1.19)	.70
意・伝1　相手に言いたいことを正確に伝えることができる。	.75	.01	−.01	3.71 (1.08)	.80
意・伝10　自分の感情を相手にうまく伝えることができる。	.74	.02	.06	3.82 (1.10)	.79
意・伝3　相手に自分の意見を適切に伝えることができる。	.73	.10	−.09	3.81 (1.09)	.77
意・伝4　＊自分の言いたいことを相手に伝えることができない。	.69	.09	−.06	4.05 (1.23)	.65
意・伝8　＊言っていることが相手に伝わらないことが多い。	.55	−.23	.24	3.92 (1.22)	.67
意・伝9　＊自分の意思が相手に伝わらないことが多い。	.55	−.21	.21	4.06 (1.17)	.73
〈意図抑制〉（α =.86）					
意・抑6　状況に合わせて感情を出すことができる。	.14	.82	−.13	4.46 (1.09)	.46
意・抑8　場が求めるような反応をすることができる。	.18	.70	.05	4.30 (1.17)	.58
意・抑10　状況に合わせた態度をとることができる。	−.02	.70	.10	4.59 (1.10)	.67
意・抑1　状況に合わせて楽しんでいるふりをすることができる。	−.06	.63	−.10	4.82 (1.22)	.51
意・抑5　相手に合わせて自分の態度を変えることができる。	−.17	.59	.02	4.94 (1.18)	.56
意・抑3　相手が予測していると思われる感情を出すことができる。	.07	.58	.08	4.29 (1.06)	.58
意・抑2　場に求められている感情を出すことができる。	.11	.54	.08	4.26 (1.11)	.72
意・抑9　相手によって話し方を変えることができる。	−.18	.48	.06	5.20 (1.08)	.54
意・抑7　相手を傷つけないように自分の意見を言うことができる。	−.10	.40	.29	4.43 (1.24)	.51
〈意図理解〉（α = .87）					
意・理1　他人がして欲しいことをすぐ察知できる。	−.01	.02	.70	4.17 (1.16)	.68
意・理2　＊他人の考えていることを感じることができない。	.11	−.10	.67	4.52 (1.16)	.55
意・理7　＊他人の気持ちを感じ取ることができない。	.07	.01	.66	4.65 (1.11)	.55
意・理3　他人の気持ちをその人の様子や仕草から推測できる。	−.15	.08	.63	4.67 (1.06)	.75
意・理6　相手の意図を敏感に感じ取ることができる。	−.06	.26	.61	4.29 (1.10)	.83
意・理4　相手がどう感じているかを自分も同じように感じることができる。	.08	−.05	.59	4.01 (1.17)	.57
意・理9　＊相手の視点で物事をみることができない。	.13	−.05	.56	4.54 (1.12)	.44
意・理8　人の感情の変化に敏感に気づくことができる。	−.09	.18	.56	4.46 (1.18)	.80
意・理5　人の気持ちを理解するのに苦労しない。	.15	.07	.46	3.76 (1.26)	.66

因子間相関	I	II	III
I	1.00	.31	.51
II		1.00	.59
III			1.00

注1：＊は逆転項目を表す。
注2：CF 列における値は確認的因子分析（Confirmatory Factor Analysis）における当該因子への因子負荷量を表す。

を，四角は観測変数（項目）を，単方向の矢印は因子負荷量を，両方向の矢印は（因子間）相関係数（または共分散）をそれぞれ表現しています。また，単方向・両方向に関わらず，矢印を伴った線を**パス**（path）と呼びます。項目や因子間の関連性を両方向や単方向のパスによって表現していることから，この図は**パス図**（path diagram）と呼ばれます。

図 8.1 では，各尺度を測定する最初の 1 項目のみを表示していますが，実際には 27 個の項目が存在していて，それに対応して単方向のパスが因子から引かれていると解釈して下さい。このパス図からもわかるように，EFAでは，1 つの項目が全ての因子から影響を受けることを仮定しています。

これに対して，図 8.2 は CFA のパス図の一例です。こちらは，因子と項目の影響関係に関する分析者の仮定が反映されています。図 8.1 において，「意・伝 5」という項目は，「意図伝達因子」から最も強い影響を受けていて，それ以外の因子からの影響は 0 に近くなっています。また，「意・理 1」という項目は，「意図理解因子」から最も強い影響を受けていて，それ以外の因子からの影響は 0 に近くなっています。そこで，図 8.2 のように，それぞれの項目は，因子負荷量が大きい因子のみから影響を受けると仮定します。0 に近い因子負荷量は，例えば，標本誤差によって生じたと解釈します。また，因子間の相関は EFA のように全因子間で定義するものとします。

表 8.1 に「Cf」という列があります。この部分には，図 8.2 の CFA を実行した際の因子負荷量が記載されています（図 8.2 中の数値は表 8.1 中に記載されています）。全ての値が 1 に近く，それぞれの因子が仮定した項目で良く測定されていることがうかがえます。CFA を行うと，モデルの**適合度指標**（fit index）という統計量も得られます。後に詳細を解説しますが，この適合度指標の観点からも，図 8.2 の CFA の仮定は妥当だということがわかります。これらの分析結果より，各因子に属している項目の和得点を，その因子の尺度得点として利用することの正当性が主張しやすくなります。

CFA の分析で重要なのは，因子と項目間の対応関係について，図 8.2 のような仮説を研究者が事前に持っているということです。分析の結果，図中

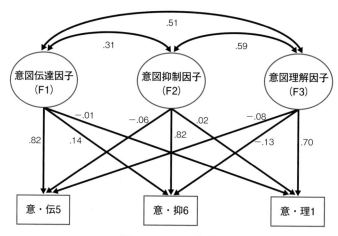

図 8.1　EFA のパス図
尺度ごとの最初の 1 項目のみ表示。

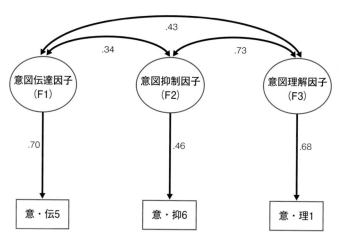

図 8.2　CFA のパス図
尺度ごとの最初の 1 項目のみ表示。因子間相関係数は表 8.1 には記載されていません。

の数値が得られるのですが，これは，研究者の仮説が与えられたもとでの計算結果になります。

8.2　共分散構造分析とは

　前節で解説した CFA は，**共分散構造分析**（Covariance Structure Analysis; **CSA**）と呼ばれる統計手法の枠組みで実行します。この統計手法は，1970 年代に考案されていましたが，1990 年代後半あたりから，心理学領域を中心に，人文科学系の学問領域において急速に普及した統計手法です。**構造方程式モデリング**（Structural Equation Modeling; **SEM**）とも呼ばれます（本章では CSA という略称を使って解説します）。

　これまで本書で説明した t 検定や分散分析，相関関係の分析，回帰分析，探索的因子分析は，CSA の一手法として実行することができます。また，確認的因子分析のように，CSA でないと実行できない方法も存在しています。現代の心理学者は CSA という分析手法を手に入れたことで，より柔軟な統計処理を行うことが可能になりました。本節では，心理学者が特に頻繁に利用する CSA の分析手法を 3 つ解説します。そのうちの 1 つは前節で解説した確認的因子分析です。残りの 2 つは（**項目間の**）**パス解析**（path analysis with observed variables）と，**因子間のパス解析**（path analysis with latent variables）です。

　図 8.3 にパス解析の一例を掲載しました。CSA の分析結果は，このようなパス図として表現することが多いです。重回帰分析では従属変数が 1 つでしたが，図 8.3 からもわかるように，パス解析では「1 つの分析モデルに従属変数を 1 つ以上含める」ことができます。また，「ある従属変数に対する独立変数が，他の変数の従属変数になる」こともできます。

　図 8.4 は，観測変数間のパス解析を因子間の分析に拡張した場合のパス図の一例です。この分析では，確認的因子分析で定義した因子を利用して，さらに因子間のパス解析を実行しています。心理学では構成概念間の関係性が

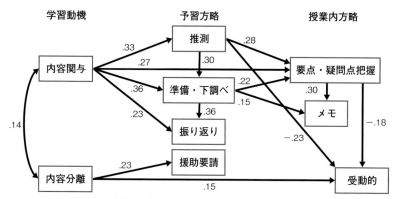

注：1％水準で有意なパスのみを記載。誤差項は省略した。

図 8.3 **パス解析の分析例** （篠ヶ谷，2010，数値は標準化解）

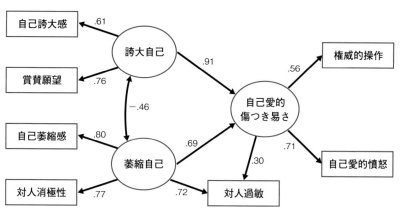

図 8.4 **因子間のパス解析の分析例** （相澤，2002，数値は標準化解）

研究対象になることが多いので，因子間にパス解析を適用できる CSA は，
多くの心理学者にとって非常に有益です。

8.3　CFA の基礎知識

　CFA についてもう少し丁寧に解説したいと思います。図 8.5 に相澤
（2002）の 2 因子の CFA の結果を掲載します。「誇大特性」と「過敏特性」
という 2 因子が，それぞれ各項目をよく説明していることがうかがえます。
図 8.5 は論文から引用したパス図ですが，元タイトルに「誤差項は省略」と
記述されています。誤差項の意味は後に説明するとして，この誤差項を追加
したパス図は図 8.6 になります。以下は図 8.6 に基づいて説明します。

　実は，図 8.6 のパス図は，7 本の単回帰モデルで構成されています。この
7 という数は，パス図中の従属変数の数と一致します。例えば，「自己誇大
感」と「自己萎縮感」の 2 項目は，パス図中の従属変数ですが，この 2 項目
に関して右ページ下に書かれた方程式が成立しています。例えば「自己誇大
感」に注目すると，この項目の得点は「誇大特性」という因子によって説明
できる部分（0.62×誇大特性）と，説明できない部分（e1）の和で表現され
ることがわかります。これは測定方程式（measurement equation）と呼ばれ
ます。測定方程式は，ある項目が，特定の因子（例では「誇大特性」）を誤
差（e）を伴って測定する状況を表現しています。特定の因子から影響を受
けている項目には，必ずこの測定方程式が存在しています（(7.7) 式や
(7.8) 式の EFA モデルも参照して下さい）。

　「誇大特性」因子から「自己誇大感」への影響を表現する因子負荷量は
0.62 となっています。CSA の枠組みでは，CFA のパス図中に表現される因
子負荷量をパス係数（path coefficient）と呼びます。このパス図では，7 本
の測定方程式が存在しており，それに対応して，パス係数も 7 つ存在するこ
とになります。先述した「誤差項」とは因子で説明できない成分を表現して
います。単方向のパスを受ける変数には必ず誤差が含まれることが決まって

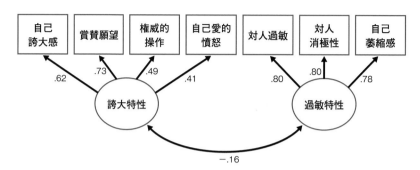

図 8.5　**2因子の CFA 分析例**（相澤，2002，数値は標準化解）

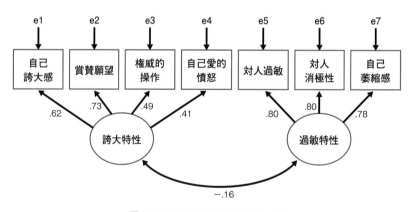

図 8.6　**図 8.5 に誤差項を含めた図**

「自己誇大感」「自己萎縮感」について成り立つ方程式（測定方程式）

自己誇大感 = 0.62 × 誇大特性 + e1

自己萎縮感 = 0.78 × 過敏特性 + e7

いるので，図 8.5 のように，パス図から省略するという習慣があります。
「誤差がない」という意味ではないので注意が必要です。図 8.1，図 8.2，図
8.3 でも誤差項が省略されています。

8.4　パス解析の基礎知識

8.4.1　パス解析と構造方程式

　図 8.7 に義田・中村（2007）によるパス解析モデルの分析例を掲載しまし
た。「抑うつ症状」（抑うつ）に対して，「ネガティブな自己複雑性」（ネガ複
雑），「ネガティブな自動思考」（ネガ自動），「ポジティブな自己複雑性」（ポ
ジ複雑），「ポジティブな自動思考」（ポジ自動）の 4 つの変数から単方向の
パスが引かれています。さらに，「ネガ自動」「ポジ自動」は「抑うつ」に対
して独立変数であると同時に，「ネガ複雑」「ポジ複雑」の従属変数にもなっ
ています。

　このように，パス解析では，ある変数にとっての独立変数が，他の変数に
とっての従属変数になるという特徴があります。X → Y → Z のように，X と
Z を媒介する Y の存在も含めて分析できます。

　ところで，図 8.7 のパス図には，従属変数はいくつ存在しているでしょう
か。正解は「ネガ自動」「ポジ自動」「抑うつ」の 3 変数です。この 3 変数の
みが他の変数から単方向の矢印を受けていることがわかると思います。この
3 変数に関する方程式（右ページの下段を参照）は前節で解説した測定方程
式とは性質が異なります。測定方程式は因子を定義するために導入されます。
一方，この 3 つの方程式は，変数間の単方向の影響関係を表現しているのみ
で，因子の定義には貢献していません。このように，変数間の単方向の影響
関係を表現する方程式を**構造方程式**（structural equation）と呼びます。構
造方程式中の誤差項 e は，回帰分析における予測の誤差と同義になります
（第 6 章参照）。

　重回帰分析も，図 8.7 で示すパス解析も，構造方程式のみで記述すること

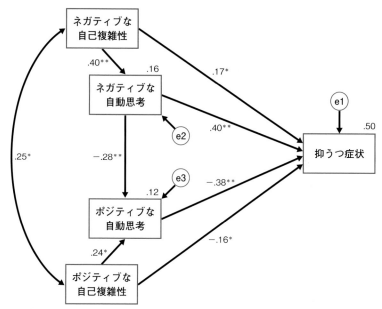

$^*p<.05, ^{**}p<.01$

図 8.7　**パス解析モデルの分析例**（義田・中村，2007，数値は標準化解）

図 8.7 から各従属変数は

抑うつ ＝.17×ネガ複雑 ＋.40×ネガ自動 −.16×ポジ複雑 −.38×ポジ自動 ＋e1
ネガ自動 ＝.40×ネガ複雑 ＋e2
ポジ自動 ＝.24×ポジ複雑 −.28×ネガ自動 ＋e3

の 3 つの式によって表現されることがわかります。

ができます。より一般的に，因子が登場しないパス図で，単方向のパスが引かれているものがあれば，そのパス図は構造方程式のみで記述されていると解釈することができます。

8.4.2　標準化解と非標準化解

　パス解析は複数の変数間の関連性を同時に検討する方法ですから，1つのパス図の中には，様々な単位で測定された変数が含まれます。変数の単位を変えることで，回帰係数の単位も変わってしまうので，尺度の異なる変数でそれぞれ定義されるパス係数を比較したい場合には，パス図中に含まれる全変数を z 得点に標準化しておきます。こうして得られるパス係数を**標準化解**（standardized solution）と呼びます。一方，標準化しない場合のパス係数を**非標準化解**（unstandardized solution）と呼びます。

　標準化解における両方向のパスは相関係数を表現します。また非標準化解における両方向のパスは共分散を表現します。これまでは両方向のパスは相関係数として解説していましたが，それは，紹介した全ての研究が標準化解を報告していたためです。図のタイトルに「パス係数は標準化解」と注意をしていることに気づいていた読者もいると思います。変数の単位に依存した形でパス係数を解釈したいという強い理由がない限りは，標準化解を報告することが望ましいでしょう。

標準化解……パス図に含まれる全変数を z 得点に標準化し，その操作の
　　　　　　もとで得られたパス係数。
非標準化解……標準化しない場合のパス係数。

8.4.3　決定係数の利用

　投入した独立変数で，従属変数の得点変動を何割説明できたかについての指標である決定係数（6.4.2 項参照）を利用することもできます。図 8.7 のパス図における従属変数の右肩に数値が記載されています。例えば「抑う

コラム 8.1 パス係数の解釈の注意点

　パス係数を数理的に定義すると，「独立変数以外の全変数を一定の値（どんな値でもよいです）に固定して，当該独立変数を 1 増加させたときの，従属変数の平均変化量」となります（豊田（1998）を参照して下さい）。しかし，この定義に従ってパス係数の解釈をしている論文は実際には少ないです。よくあるのは，パス係数を比較して従属変数に対する独立変数の寄与について言及するものです。変数を標準化することで，変数の単位に依存しないパス係数が得られるので，その比較によって独立変数の寄与について考察したくなるのですが，それは場合によっては誤った考察になります。なぜならパス係数においても，重回帰分析における偏回帰係数の解釈の留意点がそのまま適用されるからです（6.4.3 項参照）。

　例えば，図 8.7 で「抑うつ」は「ネガ複雑」と「ポジ複雑」によって，それぞれ，.17 と −.16 という影響を受けています。この結果をもって，「ネガ複雑」の方が強い正の影響を持っていると単純に解釈してはいけません。なぜなら，これらのパス係数は，独立変数間の相関要素が排除された後の，各独立変数からの影響だからです（詳しくは南風原（2002）を参照して下さい）。この例では，「ネガ複雑」と「ポジ複雑」の相関係数は .25 と低くないので，例えば「ネガ複雑」を統制した上での「ポジ複雑」の影響が −.16 と解釈するのが妥当でしょう。

つ」には .50 という数値が記載されています。これは 4 つの独立変数で，「抑うつ」を予測したときの決定係数を表現しています。図 8.7 を参照すると，独立変数間に有意で絶対値の大きいパス係数が存在しています。このことから独立変数間に無視できない相関があり，単純に各変数の寄与を考察できない状況となっています（コラム 8.1 参照）。したがって，この分析では，パス係数の解釈は行わず，4 つの独立変数で従属変数の得点変動の 5 割を説明できるということを強調することで，仮説の正しさを主張します。

8.4.4　直接効果・間接効果・総合効果

　上述したように，パス解析には係数解釈の難しさがあります。これらの難しさをよく知った上で，本節では，直接効果・間接効果という観点から結果を解釈する方法について説明しましょう。

　図 8.7 のパス係数を表 8.2 に掲載します。この表では行（横）方向に独立変数が，列（縦）方向に従属変数が配置されています。記載されているパス係数は独立変数が従属変数に直接与えている影響であり，**直接効果**（direct effect）と呼ばれます。次に表 8.3 では，「ネガ複雑」を独立変数，「抑うつ」を従属変数としたときの数値が 0.203 となっています。この数値は，「ネガ複雑」が「抑うつ」に間接的に与える影響を示していて，**間接効果**（indirect effect）と呼ばれます。「ネガ複雑」から「抑うつ」への間接効果は，右ページ下段のやり方で求められます。「ネガ複雑」の「抑うつ」に対する直接効果は 0.17 でしたが，これと間接効果の 0.203 を足した値 0.373 が，「ネガ複雑」の「抑うつ」に対する**総合効果**（total effect）になります。総合効果は直接効果と間接効果の経路の違いをプールした効果です。表 8.4 に総合効果の値を掲載しました。「ネガ複雑」の「抑うつ」に対する間接効果（.203）は，直接効果（.170）に匹敵するぐらい大きいことがうかがえます。

表8.2 直接効果

行＝独立，列＝従属	ネガ複雑	ネガ自動	ポジ自動	ポジ複雑	抑うつ
ネガ複雑	＊	0.400	＊	＊	0.170
ネガ自動	＊	＊	−0.280	＊	0.400
ポジ自動	＊	＊	＊	＊	−0.380
ポジ複雑	＊	＊	0.240	＊	−0.160

表8.3 間接効果

行＝独立，列＝従属	ネガ複雑	ネガ自動	ポジ自動	ポジ複雑	抑うつ
ネガ複雑	＊	＊	− 0.112	＊	0.203
ネガ自動	＊	＊	＊	＊	0.106
ポジ自動	＊	＊	＊	＊	＊
ポジ複雑	＊	＊	＊	＊	−0.091

表8.4 総合効果

行＝独立，列＝従属	ネガ複雑	ネガ自動	ポジ自動	ポジ複雑	抑うつ
ネガ複雑	＊	0.400	−0.112	＊	0.373
ネガ自動	＊	＊	−0.280	＊	0.506
ポジ自動	＊	＊	＊	＊	−0.380
ポジ複雑	＊	＊	0.240	＊	−0.251

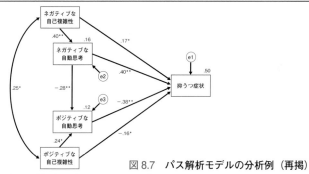

図8.7 パス解析モデルの分析例（再掲）

「ネガ複雑」が「抑うつ」へ間接的に影響する経路は，

経路1.「ネガ複雑」→「ネガ自動」→「抑うつ」

経路2.「ネガ複雑」→「ネガ自動」→「ポジ自動」→「抑うつ」

の2つです。それぞれの経路の影響は，単方向パス係数の積で表現されます。経路1の影響は $0.40 \times 0.4 = 0.160$。同様に経路2は $0.40 \times (-0.28) \times (-0.38) = 0.04256$ となります。間接効果は2つの経路の影響の和で，$0.16 + 0.04256 = 0.20256$（≒ 0.203）となります。

8.5　因子間のパス解析

　図 8.8 は安達（1998）による因子間のパス解析の分析結果です。測定方程式で定義される因子が 7 つありますが，因子間には両方向のパス，すなわち相関係数だけでなく，単方向のパスも定義されていることがわかります。つまり，この分析は，8.3 節の CFA と 8.4 節のパス解析を合わせたものになっています。この分析では，測定方程式と構造方程式が混在しています。CFAでは測定方程式のみが，パス解析では構造方程式のみが登場したことを思い出して下さい。

　パス係数の解釈は，前節で説明したパス解析での説明が全て当てはまります。「職務内容に関する満足感」は「給与に関する満足感」「職場の人間関係に関する満足感」「顧客との関係に関する満足感」の 3 因子によって説明されています。それぞれの標準化パス係数は 0.14，0.28，0.59 です。標準化パス係数なので，数値の直接比較が可能です。したがって "「顧客との関係に関する満足感」の影響が 0.59 で最も強い" と解釈しそうになりますが，「顧客との関係に関する満足感」と「職場の人間関係に関する満足感」との間には 0.16 の相関係数があります。0.59 というパス係数は，この 0.16 の相関として表現される「顧客との関係に関する満足感」と「職場の人間関係に関する満足感」との情報共有部分が取り除かれた後の「顧客との関係に関する満足感」が「職務内容に関する満足感」に与える影響を表現しています。この情報共有部分が取り除かれたことによって，「顧客との関係に関する満足感」が，研究者の想定する構成概念からどの程度乖離しているかということについて配慮する必要があります。共有情報が取り除かれた後も「顧客との関係に関する満足感」という構成概念を表現する因子であると妥当に主張できるのならば，そのとき初めて，0.59 というパス係数は，「顧客との関係に関する満足感」からの「職務内容に関する満足感」への影響として解釈することができます。実際の分析では，独立変数間の相関が 0 であるというケースは珍しいといえます。

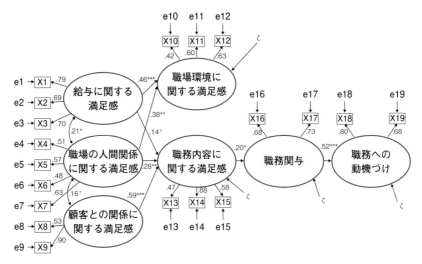

$^{†}p<.10,\ ^{*}p<.05,\ ^{**}p<.01,\ ^{***}p<.001$
職務満足感，職務関与，職務への動機づけの因果モデル。

図 8.8　**因子間のパス解析の分析例**（安達，1998，数値は標準化解）

図 8.8 より，

- 項目数は，19 個
- 測定方程式は，19 本
- 構造方程式は，7 本

あることがわかります。また，図中には ζ（ギリシャ文字のゼータ）という記号
があります。これは，従属変数となっている因子につく誤差です。

コラム 8.2　共分散構造分析と因果関係

　確認的因子分析の節でも解説した通り，CSA の実行に当たっては，変数間の関係性についての，研究者の仮説が必要です。その仮説がデータに当てはまっているのかを検討できるのが，CSA の強みでもありますし，その認識のもと数多くの研究で利用されています。研究者が変数間に因果関係を妥当に仮定できるのであれば，CSA によって因果関係に迫ることも場合によっては可能でしょう。

　豊田（1992）によれば，因果関係を主張するためには，

1. 独立変数に時間的先行性がある

2. 独立変数と従属変数の相関が強い

3. 両者の相関が時間・場所・対象の選び方によらず再現される

4. 両者の関係が，先行研究等の専門的知見から見て矛盾がない

の 4 条件が最低でも満たされていなくてはなりません。先行研究のない，単発の調査で満たされる条件は，1 と 2 ぐらいでしょう。全ての条件が満たされる場合は，実際には非常に稀だと思います。また，上の 4 点が満たされたとしても，研究者の提唱する因果関係が，現象に横たわる真の因果関係であることを証明することは極めて難しいといえます。

　ところで，本書ではこれまで，「影響」や「効果」という言葉を使ってきました。例えば，第 5 章の例で「製法」と「提供法」は「ビールのおいしさ評定」にそれぞれ効果を持っていました。それをもって，「要因はおいしさの評定に影響を与える」と表現しています。

　この「影響」や「効果」は因果関係を意味する言葉ではありません。ビ

ールの製法と提供法の2要因がおいしさの評定に対して効果を持つものと想定し，剰余変数の厳密な統制のもと，実験したとします。その結果，2要因の主効果と交互作用効果が有意であったとします。この場合，要因はおいしさの評定に対して効果（影響）を持っていると解釈することができます。しかし，この分析では，因果関係の分析にまでは踏み込むことは想定していませんでした。最も消費されやすいビールの製法と提供法を，限られた予算内で探るという極めて実務的な分析で，少数のモニターに，1回のみ実施した実験結果です。この実験結果でわかることは，先の4条件において，やはり1と2が満たされる程度です。

この結果から，因果関係について言及できないのは言うまでもないのですが，実際の研究論文の中には，「影響」や「効果」という言葉を「因果関係」と同義に扱っている場合もあるようです。このような誤用が生じるのも因果関係が主張できる前提をきちんと確認していなかったことが原因だと思われます。

自分の仮説を因子間のパス解析によって検討したいとします。仮にその仮説が因果関係を表現しているのならば，そのパス図を構成する方程式群は**因果モデル**（causal model）と呼ばれます。一方，因果までは踏み込まないで，「独立変数で従属変数を予測する」という程度の仮説であれば，その方程式群は**予測モデル**（prediction model）と呼ばれます。因果を意図しない研究は，実際にはこの予測モデルを利用して研究していることになります。

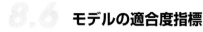

8.6　モデルの適合度指標

8.6.1　各種適合度指標

　共分散構造分析が普及する以前は，8.4 節で解説したパス解析は，回帰分析と重回帰分析を組み合わせて実行していました。例えば，**図 8.7** のモデルのパス係数と決定係数は，1 つの単回帰分析と，2 つの重回帰分析を逐次的に実行することで，近似的に求めることができます。分析の目的はこの方法でも達せられるのですが，現在，回帰分析の繰返しによるパス解析が用いられることは非常に少なくなりました。替わりに，CSA の枠組みでパス解析を実行することが一般的です。それはなぜでしょうか。

　実は CSA を適用すると，研究者が仮定したパス図全体がデータに当てはまっているかについて，適合度指標に基づいて判断できます。適合度指標とはデータに対するモデルの当てはまりの良さに関する指標です。従来のパス解析では，（予測・あるいは因果）モデルの全体の適合は，8.4.4 項で解説したように，従属変数ごとに決定係数を確認していくことで推測していました。言い換えれば，モデルの部分的適合の総体として，モデル全体の適合を確認していました。一方，CSA における適合度指標は，モデル全体の適合に関する指標です。これにより，複数の決定係数に基づいて統合的にモデル全体の適合について判断する難しさを回避することができます。もちろん，決定係数を積極的に利用することで，部分的なモデル適合について評価できることは，CSA における大きな利点です。CSA における代表的な適合度指標は，GFI（AGFI），CFI，χ^2 検定，RMSEA，AIC（CAIC）です（**表 8.5**）。以下に各指標の概要を説明します。適合度指標の判断基準については豊田（1999），豊田（2002），豊田（2007）を参照して下さい。

・**GFI**（Goodness of Fit Index）……GFI は 0 から 1 の範囲の値をとる適合度指標で，1 に近いほど，構成したパス図（モデル）が，データに当てはまっていると解釈できます。この指標はサンプルサイズによる影響が少ないことが知られています。当てはまりの良さについて解釈する場合に，GFI が 0.9

表 8.5 **代表的な適合度指標**（豊田，1999，2002，2007 を参考に作成）

適合度指標	特徴
GFI	Goodness of Fit Index。0 から 1 の値をとる。1 に近いほどモデルがデータに当てはまっていると解釈。サンプルサイズによる影響が少ない。GFI≧0.9 という慣習的基準あり。
AGFI	Adjusted Goodness of Fit Index。モデルの倹約性に配慮した指標。0 から 1 の範囲の値をとる。
CFI	Comparative Fit Index。当該のモデルが独立モデル（項目間に何もパスを引かないモデル）に比べてどれほど好ましいかを示唆する指標。0 から 1 の間の値をとり，1 に近いほどモデルが好ましいと解釈。CFI≧0.95 という慣習的基準あり。
χ^2 検定	χ^2 分布を用いて，モデルの適合度検定を行う。自分のモデルの χ^2 値が有意でなければモデルは採択される。逆に有意であれば棄却される。
RMSEA	Root Mean Square Error of Approximation。構成したモデルが，真のモデルとどの程度乖離があるのかに関する指標。0 に近いことが望まれる。慣習的基準としては，RMSEA≦0.05 なら，真のモデルに近いモデルと判断。RMSEA≧0.1 であれば適合が悪いと判断される。
AIC	Akaike Information Criterion。値が小さいほど，モデルの当てはまりがよいことを意味する。AIC には判断の基準値が存在せず，同一データに対する複数のモデルの相対的適合のよさを考察する場合に利用される。
CAIC	Corrected AIC。パスの多さを，ペナルティとして AIC に増分する。AIC＜CAIC という性質が成り立つ。

以上という慣習的基準がありますが，項目数が少ない場合には，この目安は容易に満たされてしまうので，どのようなケースにもこの目安が適用できるものではありません。逆に項目数が30以上の場合には，それだけでGFIが高い値が出現しにくくなるという性質もあります。

•AGFI（Adjusted Goodness of Fit Index）……CSAに限らず，どのような統計モデルでも，パスの数を増やしてモデルを複雑化しパラメータを増やしていけば，そのモデルは手元のデータによく当てはまるようになります。しかし，モデルを複雑にすることで，手元のデータへの当てはまりは向上したけれども，他のデータにおける当てはまりがかえって悪化するということがあります。モデル構築を考える上で，データに対する説明力を高めることは大事なのですが，それはなるべく簡素なモデルで実現されている必要があります。そこで登場するのが**モデルの倹約性**という概念で，それに配慮した指標がAGFIになります。GFIと同様に，0から1の範囲の値をとります。特にパスの数が多いモデルはGFIと同時にAGFIも考察して下さい。

　最も倹約的でないモデルを**飽和モデル**（saturated model）と呼びます。例えば，全項目間に両方向のパスを引くモデルは飽和モデルです（詳細については豊田（1998）を参照して下さい）。飽和モデルでは，例えばGFI＝1.0のように，各種指標は完全適合を示唆する結果を返すことがあります。しかし，飽和モデルにおけるモデルの適合度指標は参考になりません。例えば，全ての項目間に単方向のパスを引く場合にも，これは飽和モデルですが，GFI＝1.0となる場合があるからです。つまり飽和モデルのもとでは，適合度指標がモデルの差に対して弁別性を持たなくなる場合があるのです。このように，モデルは異なるけれども適合度が一致するモデルを**同値モデル**（equivalent model）と呼びます。同値モデルの存在はCSAの弱点でもあります。単回帰モデル，重回帰モデルもそれぞれ飽和モデルであることが知られています。したがって，せっかくCSAを利用したとしても，重要な出力である適合度指標が使えません。この意味から，単回帰モデルや重回帰モデルを適用する際に，CSAを利用するという研究事例はほとんどありません。パス解析を

コラム 8.3　　適合度指標の解釈

表 8.6　図 8.7 のモデルに関する適合度指標 （義田・中村，2007）

モデル	x^2	df	GFI	AGFI	RMSEA	AIC	BIC	CAIC
A：双方向因果	2.838	1	.988	.824	.140	30.838	66.592	80.592
B：ATQ-N → ATQ-P	2.842	2	.988	.982	.067	28.842	62.043	75.043
C：ATQ-P → ATQ-N	4.353	2	.982	.866	.112	30.353	63.553	76.553

　表 8.6 に，図 8.7 で紹介したパス解析モデルに関する適合度指標を掲載します。「モデル B：ATQ-N → ATQ-P」が，図 8.7 に対応する適合度指標です。これは「ネガティブな自動思考」から「ポジティブな自動思考」へ単方向のパスを引いているという意味です。「モデル C：ATQ-P → ATQ-N」はその逆で，「ポジティブな自動思考」から「ネガティブな自動思考」へ単方向のパスを引いています。また「モデル A：双方向因果」では 2 変数が互いに単方向のパスを受けています。

　モデル A において x^2 値が最も小さい値になっていますが，モデル B の x^2 値も同様に小さい値です。また，モデル B では GFI = 0.988，AGFI = 0.982 で他のモデルと比較して最大となっています。

　モデル B と C よりもパスの数が 1 本多いモデル A は倹約性が相対的に低くなり，AGFI が最小になっていることを確認して下さい。RMSEA はモデル B が 0.067 と最小です。0.05 を下回っていませんが，他の指標と併せてみれば，良好な数値と解釈できます。また，AIC と CAIC もモデル B で最小になっています。特に，モデル A においては，倹約性が低いことが反映され，CAIC が，3 モデル中，最大となっていることを確認して下さい。総合的に見て，モデル B の適合が良好であると判断できます。

実行する場合には，モデルが飽和モデルとなっていないか配慮する必要があります。

• CFI（Comparative Fit Index）……項目間に一切パスを引かないモデルを，独立モデルと呼びます。独立モデルは理論的には最も当てはまりの悪いモデルと考えることができますが，CFI では構成したモデルが独立モデルに比較してどれほど好ましいかを示唆する指標です。0 から 1 の間の値をとり，1 に近いほどモデルが好ましいと解釈できます。慣習的基準では 0.95 以上であることが求められています。

• χ^2 値と χ^2 検定……構築したモデルが母集団において真のモデルである場合に，この χ^2 値は χ^2 分布に従うことが知られています（χ^2 値と対応する自由度の求め方については，例えば豊田（1998）を参照して下さい）。この分布を利用してモデルの適合度検定が可能です。つまり，真のモデルである場合の分布が既知ということですから，そのもとで，自分のモデルの χ^2 値が有意でなければモデルは採択されることになります。逆に有意であれば棄却されることになります。

• RMSEA（Root Mean Square Error of Approximation）……構成したモデルが，真のモデル（当然ですが未知です）とどの程度乖離があるのかに関する指標で，0 に近いことが望まれます。慣習的基準としては，0.05 以下なら，真のモデルに近い（すなわち，「よい」）モデルと判断されます。0.1 以上であれば適合が悪いと判断されます。

• AIC（Akaike Information Criterion）……AIC は CSA だけでなく，他の統計手法でも広く利用されるモデル比較のための指標で，値が小さいほど，モデルの当てはまりが良いことを意味します。AIC には判断の基準値が存在せず，同一データに対する複数のモデルの相対的適合の良さを考察する場合に利用されることが多いです。

• CAIC（Corrected AIC）……AIC はモデルの倹約性に配慮した指標ですが，CAIC はさらにパスの多さをペナルティとして AIC に加算します。AIC ＜ CAIC という性質が成り立っています。

コラム 8.4　誤差間相関と適合度指標（1）

　図 8.9 の CFA モデルを参照して下さい。誤差 e1 と誤差 e2 間に両方向のパスが引かれているのがわかります。一般に，誤差間の相関というのは解釈が難しくなります。なぜなら，それが誤差であるならば，両者の相関は 0 になると期待されているからです。もし相関を仮定するのであれば，その 2 項目は，独自に何らかの別の因子を測定していると考えるのが妥当です。つまり図 8.10 のように別の因子"f2"を仮定して，誤差間相関を 0 にすべきでしょう。

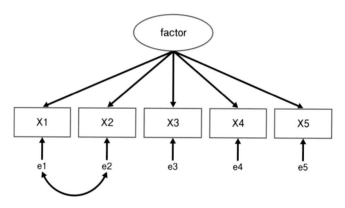

図 8.9　誤差間相関を認めるモデル

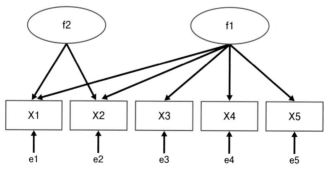

図 8.10　誤差間相関を因子で説明する

参 考 図 書

豊田 秀樹・前田 忠彦・柳井 晴夫（1992）．原因をさぐる統計学——共分散構造
　　分析入門——　講談社

　CSA についての入門的解説の金字塔です．前提とする数学的知識のレベルが低
く，統計学に関する基礎的知識（本書の第 1 章から第 3 章相当）を習得している読
者ならば，十分読みこなせます．

豊田 秀樹（1998）．共分散構造分析［入門編］——構造方程式モデリング——　朝
　　倉書店

　豊田ら（1992）の次に挑戦してほしいテキストです．数学的に相当高度なことが
記述されていますが，巻末のごく短い数学的準備をこなすだけで，文系の読者でも
根気さえあれば完全に理解できるように記述されています．

豊田 秀樹（2007）．共分散構造分析［Amos 編］——構造方程式モデリング——
　　東京図書

　CSA を実行するソフトウェアの使用法に関するテキストです．AMOS は現在の
CSA の普及に大きく貢献した商用ソフトです．本章を読了した後，すぐに CSA で
分析してみたい読者にもおすすめです．

キーワード

探索的因子分析，確認的因子分析（CFA），パス，パス図，適合度指標，共分散構
造分析（CSA），構造方程式モデリング（SEM），（項目間の）パス解析，因子間の
パス解析，測定方程式，パス係数，構造方程式，標準化解，非標準化解，直接効果，
間接効果，総合効果，因果モデル，予測モデル，GFI，AGFI，モデルの倹約性，飽
和モデル，同値モデル，CFI，χ^2 検定，RMSEA，AIC，CAIC

コラム 8.4　誤差間相関と適合度指標（2）

　CSA を適用した学術論文を読んでいると，図 8.9 のようなパス図に出会うことがあります。その際，著者がどのような根拠を持って誤差間に相関を仮定しているかについて注意して読んで下さい。8.6.1 項で説明したように，パスの数を増やすと，モデルの適合は向上する傾向があります。誤差間に相関を認める場合も同様です。

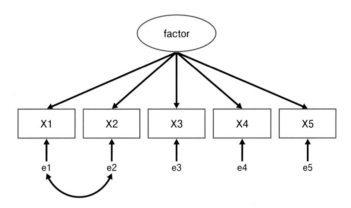

図 8.9　誤差間相関を認めるモデル（再掲）

　誤差間相関を認めた根拠が丁寧に記述されていない場合には，適合度指標が向上するように探索的にモデル選択を行ったのではないか，と読まれてしまう可能性があります。探索的にモデル選択する場合には，事前に研究仮説がないわけですから論文の書き方もかなり変わってきます。

　もしあなたに研究仮説があるのならば，モデルの適合を向上させるためだけに，仮説に含まれないパスを導入することには慎重になって下さい。もちろん，分析をしていく過程では，適合度指標から自分の仮説の間違いに気づかされるということもあると思います。適合度指標から仮説を省みたのであれば，その試行錯誤の過程を論文に記述する必要があります。適合度指標にとらわれるあまり，解釈不可能なパス図を報告することは控えましょう。多少適合度が悪くても，研究者がきちんと説明できるモデルを報告するという姿勢が重要です。

付 表 目 次

付表1　標準正規分布表（その1）

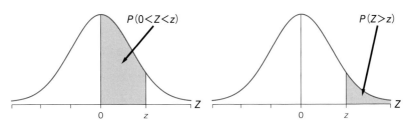

z	P (0<Z<z)	P (Z>z)	z	P (0<Z<z)	P (Z>z)	z	P (0<Z<z)	P (Z>z)
0.00	0.0000	0.5000	0.30	0.1179	0.3821	0.60	0.2257	0.2743
0.01	0.0040	0.4960	0.31	0.1217	0.3783	0.61	0.2291	0.2709
0.02	0.0080	0.4920	0.32	0.1255	0.3745	0.62	0.2324	0.2676
0.03	0.0120	0.4880	0.33	0.1293	0.3707	0.63	0.2357	0.2643
0.04	0.0160	0.4840	0.34	0.1331	0.3669	0.64	0.2389	0.2611
0.05	0.0199	0.4801	0.35	0.1368	0.3632	0.65	0.2422	0.2578
0.06	0.0239	0.4761	0.36	0.1406	0.3594	0.66	0.2454	0.2546
0.07	0.0279	0.4721	0.37	0.1443	0.3557	0.67	0.2486	0.2514
0.08	0.0319	0.4681	0.38	0.1480	0.3520	0.68	0.2517	0.2483
0.09	0.0359	0.4641	0.39	0.1517	0.3483	0.69	0.2549	0.2451
0.10	0.0398	0.4602	0.40	0.1554	0.3446	0.70	0.2580	0.2420
0.11	0.0438	0.4562	0.41	0.1591	0.3409	0.71	0.2611	0.2389
0.12	0.0478	0.4522	0.42	0.1628	0.3372	0.72	0.2642	0.2358
0.13	0.0517	0.4483	0.43	0.1664	0.3336	0.73	0.2673	0.2327
0.14	0.0557	0.4443	0.44	0.1700	0.3300	0.74	0.2704	0.2296
0.15	0.0596	0.4404	0.45	0.1736	0.3264	0.75	0.2734	0.2266
0.16	0.0636	0.4364	0.46	0.1772	0.3228	0.76	0.2764	0.2236
0.17	0.0675	0.4325	0.47	0.1808	0.3192	0.77	0.2794	0.2206
0.18	0.0714	0.4286	0.48	0.1844	0.3156	0.78	0.2823	0.2177
0.19	0.0753	0.4247	0.49	0.1879	0.3121	0.79	0.2852	0.2148
0.20	0.0793	0.4207	0.50	0.1915	0.3085	0.80	0.2881	0.2119
0.21	0.0832	0.4168	0.51	0.1950	0.3050	0.81	0.2910	0.2090
0.22	0.0871	0.4129	0.52	0.1985	0.3015	0.82	0.2939	0.2061
0.23	0.0910	0.4090	0.53	0.2019	0.2981	0.83	0.2967	0.2033
0.24	0.0948	0.4052	0.54	0.2054	0.2946	0.84	0.2995	0.2005
0.25	0.0987	0.4013	0.55	0.2088	0.2912	0.85	0.3023	0.1977
0.26	0.1026	0.3974	0.56	0.2123	0.2877	0.86	0.3051	0.1949
0.27	0.1064	0.3936	0.57	0.2157	0.2843	0.87	0.3078	0.1922
0.28	0.1103	0.3897	0.58	0.2190	0.2810	0.88	0.3106	0.1894
0.29	0.1141	0.3859	0.59	0.2224	0.2776	0.89	0.3133	0.1867
0.30	0.1179	0.3821	0.60	0.2257	0.2743	0.90	0.3159	0.1841

付表 1　標準正規分布表（その 2）

z	P (0<Z<z)	P (Z>z)	z	P (0<Z<z)	P (Z>z)	z	P (0<Z<z)	P (Z>z)
0.91	0.3186	0.1814	1.26	0.3962	0.1038	1.61	0.4463	0.0537
0.92	0.3212	0.1788	1.27	0.3980	0.1020	1.62	0.4474	0.0526
0.93	0.3238	0.1762	1.28	0.3997	0.1003	1.63	0.4484	0.0516
0.94	0.3264	0.1736	1.29	0.4015	0.0985	1.64	0.4495	0.0505
0.95	0.3289	0.1711	1.30	0.4032	0.0968	1.65	0.4505	0.0495
0.96	0.3315	0.1685	1.31	0.4049	0.0951	1.66	0.4515	0.0485
0.97	0.3340	0.1660	1.32	0.4066	0.0934	1.67	0.4525	0.0475
0.98	0.3365	0.1635	1.33	0.4082	0.0918	1.68	0.4535	0.0465
0.99	0.3389	0.1611	1.34	0.4099	0.0901	1.69	0.4545	0.0455
1.00	0.3413	0.1587	1.35	0.4115	0.0885	1.70	0.4554	0.0446
1.01	0.3438	0.1562	1.36	0.4131	0.0869	1.71	0.4564	0.0436
1.02	0.3461	0.1539	1.37	0.4147	0.0853	1.72	0.4573	0.0427
1.03	0.3485	0.1515	1.38	0.4162	0.0838	1.73	0.4582	0.0418
1.04	0.3508	0.1492	1.39	0.4177	0.0823	1.74	0.4591	0.0409
1.05	0.3531	0.1469	1.40	0.4192	0.0808	1.75	0.4599	0.0401
1.06	0.3554	0.1446	1.41	0.4207	0.0793	1.76	0.4608	0.0392
1.07	0.3577	0.1423	1.42	0.4222	0.0778	1.77	0.4616	0.0384
1.08	0.3599	0.1401	1.43	0.4236	0.0764	1.78	0.4625	0.0375
1.09	0.3621	0.1379	1.44	0.4251	0.0749	1.79	0.4633	0.0367
1.10	0.3643	0.1357	1.45	0.4265	0.0735	1.80	0.4641	0.0359
1.11	0.3665	0.1335	1.46	0.4279	0.0721	1.81	0.4649	0.0351
1.12	0.3686	0.1314	1.47	0.4292	0.0708	1.82	0.4656	0.0344
1.13	0.3708	0.1292	1.48	0.4306	0.0694	1.83	0.4664	0.0336
1.14	0.3729	0.1271	1.49	0.4319	0.0681	1.84	0.4671	0.0329
1.15	0.3749	0.1251	1.50	0.4332	0.0668	1.85	0.4678	0.0322
1.16	0.3770	0.1230	1.51	0.4345	0.0655	1.86	0.4686	0.0314
1.17	0.3790	0.1210	1.52	0.4357	0.0643	1.87	0.4693	0.0307
1.18	0.3810	0.1190	1.53	0.4370	0.0630	1.88	0.4699	0.0301
1.19	0.3830	0.1170	1.54	0.4382	0.0618	1.89	0.4706	0.0294
1.20	0.3849	0.1151	1.55	0.4394	0.0606	1.90	0.4713	0.0287
1.21	0.3869	0.1131	1.56	0.4406	0.0594	1.91	0.4719	0.0281
1.22	0.3888	0.1112	1.57	0.4418	0.0582	1.92	0.4726	0.0274
1.23	0.3907	0.1093	1.58	0.4429	0.0571	1.93	0.4732	0.0268
1.24	0.3925	0.1075	1.59	0.4441	0.0559	1.94	0.4738	0.0262
1.25	0.3944	0.1056	1.60	0.4452	0.0548	1.95	0.4744	0.0256

付表 1　標準正規分布表（その 3）

z	P (0<Z<z)	P (Z>z)	z	P (0<Z<z)	P (Z>z)	z	P (0<Z<z)	P (Z>z)
1.96	0.4750	0.0250	2.31	0.4896	0.0104	2.66	0.4961	0.0039
1.97	0.4756	0.0244	2.32	0.4898	0.0102	2.67	0.4962	0.0038
1.98	0.4761	0.0239	2.33	0.4901	0.0099	2.68	0.4963	0.0037
1.99	0.4767	0.0233	2.34	0.4904	0.0096	2.69	0.4964	0.0036
2.00	0.4772	0.0228	2.35	0.4906	0.0094	2.70	0.4965	0.0035
2.01	0.4778	0.0222	2.36	0.4909	0.0091	2.71	0.4966	0.0034
2.02	0.4783	0.0217	2.37	0.4911	0.0089	2.72	0.4967	0.0033
2.03	0.4788	0.0212	2.38	0.4913	0.0087	2.73	0.4968	0.0032
2.04	0.4793	0.0207	2.39	0.4916	0.0084	2.74	0.4969	0.0031
2.05	0.4798	0.0202	2.40	0.4918	0.0082	2.75	0.4970	0.0030
2.06	0.4803	0.0197	2.41	0.4920	0.0080	2.76	0.4971	0.0029
2.07	0.4808	0.0192	2.42	0.4922	0.0078	2.77	0.4972	0.0028
2.08	0.4812	0.0188	2.43	0.4925	0.0075	2.78	0.4973	0.0027
2.09	0.4817	0.0183	2.44	0.4927	0.0073	2.79	0.4974	0.0026
2.10	0.4821	0.0179	2.45	0.4929	0.0071	2.80	0.4974	0.0026
2.11	0.4826	0.0174	2.46	0.4931	0.0069	2.81	0.4975	0.0025
2.12	0.4830	0.0170	2.47	0.4932	0.0068	2.82	0.4976	0.0024
2.13	0.4834	0.0166	2.48	0.4934	0.0066	2.83	0.4977	0.0023
2.14	0.4838	0.0162	2.49	0.4936	0.0064	2.84	0.4977	0.0023
2.15	0.4842	0.0158	2.50	0.4938	0.0062	2.85	0.4978	0.0022
2.16	0.4846	0.0154	2.51	0.4940	0.0060	2.86	0.4979	0.0021
2.17	0.4850	0.0150	2.52	0.4941	0.0059	2.87	0.4979	0.0021
2.18	0.4854	0.0146	2.53	0.4943	0.0057	2.88	0.4980	0.0020
2.19	0.4857	0.0143	2.54	0.4945	0.0055	2.89	0.4981	0.0019
2.20	0.4861	0.0139	2.55	0.4946	0.0054	2.90	0.4981	0.0019
2.21	0.4864	0.0136	2.56	0.4948	0.0052	2.91	0.4982	0.0018
2.22	0.4868	0.0132	2.57	0.4949	0.0051	2.92	0.4982	0.0018
2.23	0.4871	0.0129	2.58	0.4951	0.0049	2.93	0.4983	0.0017
2.24	0.4875	0.0125	2.59	0.4952	0.0048	2.94	0.4984	0.0016
2.25	0.4878	0.0122	2.60	0.4953	0.0047	2.95	0.4984	0.0016
2.26	0.4881	0.0119	2.61	0.4955	0.0045	2.96	0.4985	0.0015
2.27	0.4884	0.0116	2.62	0.4956	0.0044	2.97	0.4985	0.0015
2.28	0.4887	0.0113	2.63	0.4957	0.0043	2.98	0.4986	0.0014
2.29	0.4890	0.0110	2.64	0.4959	0.0041	2.99	0.4986	0.0014
2.30	0.4893	0.0107	2.65	0.4960	0.0040	3.00	0.4987	0.0013

付表 2 　t 分布表（棄却の臨界値）

自由度 （df）	片側検定の有意水準			
	0.05	0.025	0.01	0.005
	両側検定の有意水準			
	0.1	0.05	0.02	0.01
1	6.314	12.706	31.821	63.657
2	2.920	4.303	6.965	9.925
3	2.353	3.182	4.541	5.841
4	2.132	2.776	3.747	4.604
5	2.015	2.571	3.365	4.032
6	1.943	2.447	3.143	3.707
7	1.895	2.365	2.998	3.499
8	1.860	2.306	2.896	3.355
9	1.833	2.262	2.821	3.250
10	1.812	2.228	2.764	3.169
11	1.796	2.201	2.718	3.106
12	1.782	2.179	2.681	3.055
13	1.771	2.160	2.650	3.012
14	1.761	2.145	2.624	2.977
15	1.753	2.131	2.602	2.947
16	1.746	2.120	2.583	2.921
17	1.740	2.110	2.567	2.898
18	1.734	2.101	2.552	2.878
19	1.729	2.093	2.539	2.861
20	1.725	2.086	2.528	2.845
21	1.721	2.080	2.518	2.831
22	1.717	2.074	2.508	2.819
23	1.714	2.069	2.500	2.807
24	1.711	2.064	2.492	2.797
25	1.708	2.060	2.485	2.787
26	1.706	2.056	2.479	2.779
27	1.703	2.052	2.473	2.771
28	1.701	2.048	2.467	2.763
29	1.699	2.045	2.462	2.756
30	1.697	2.042	2.457	2.750
40	1.684	2.021	2.423	2.704
60	1.671	2.000	2.390	2.660
120	1.658	1.980	2.358	2.617

df は degrees of freedom の略

付表3　χ^2 分布表（棄却の臨界値）

自由度 (df)	0.05	0.01
1	3.841	6.635
2	5.991	9.210
3	7.815	11.345
4	9.488	13.277
5	11.070	15.086
6	12.592	16.812
7	14.067	18.475
8	15.507	20.090
9	16.919	21.666
10	18.307	23.209
11	19.675	24.725
12	21.026	26.217
13	22.362	27.688
14	23.685	29.141
15	24.996	30.578
16	26.296	32.000
17	27.587	33.409
18	28.869	34.805
19	30.144	36.191
20	31.410	37.566
21	32.671	38.932
22	33.924	40.289
23	35.172	41.638
24	36.415	42.980
25	37.652	44.314
26	38.885	45.642
27	40.113	46.963
28	41.337	48.278
29	42.557	49.588
30	43.773	50.892

df は degrees of freedom の略

付表4　F分布表（棄却の臨界値，$\alpha = 0.05$）

分母の自由度（df_2）	分子の自由度（df_1）									
	1	2	3	4	5	6	7	8	9	10
1	161.45	199.50	215.71	224.58	230.16	233.99	236.77	238.88	240.54	241.88
2	18.51	19.00	19.16	19.25	19.30	19.33	19.35	19.37	19.38	19.40
3	10.13	9.55	9.28	9.12	9.01	8.94	8.89	8.85	8.81	8.79
4	7.71	6.94	6.59	6.39	6.26	6.16	6.09	6.04	6.00	5.96
5	6.61	5.79	5.41	5.19	5.05	4.95	4.88	4.82	4.77	4.74
6	5.99	5.14	4.76	4.53	4.39	4.28	4.21	4.15	4.10	4.06
7	5.59	4.74	4.35	4.12	3.97	3.87	3.79	3.73	3.68	3.64
8	5.32	4.46	4.07	3.84	3.69	3.58	3.50	3.44	3.39	3.35
9	5.12	4.26	3.86	3.63	3.48	3.37	3.29	3.23	3.18	3.14
10	4.96	4.10	3.71	3.48	3.33	3.22	3.14	3.07	3.02	2.98
11	4.84	3.98	3.59	3.36	3.20	3.09	3.01	2.95	2.90	2.85
12	4.75	3.89	3.49	3.26	3.11	3.00	2.91	2.85	2.80	2.75
13	4.67	3.81	3.41	3.18	3.03	2.92	2.83	2.77	2.71	2.67
14	4.60	3.74	3.34	3.11	2.96	2.85	2.76	2.70	2.65	2.60
15	4.54	3.68	3.29	3.06	2.90	2.79	2.71	2.64	2.59	2.54
16	4.49	3.63	3.24	3.01	2.85	2.74	2.66	2.59	2.54	2.49
17	4.45	3.59	3.20	2.96	2.81	2.70	2.61	2.55	2.49	2.45
18	4.41	3.55	3.16	2.93	2.77	2.66	2.58	2.51	2.46	2.41
19	4.38	3.52	3.13	2.90	2.74	2.63	2.54	2.48	2.42	2.38
20	4.35	3.49	3.10	2.87	2.71	2.60	2.51	2.45	2.39	2.35
21	4.32	3.47	3.07	2.84	2.68	2.57	2.49	2.42	2.37	2.32
22	4.30	3.44	3.05	2.82	2.66	2.55	2.46	2.40	2.34	2.30
23	4.28	3.42	3.03	2.80	2.64	2.53	2.44	2.37	2.32	2.27
24	4.26	3.40	3.01	2.78	2.62	2.51	2.42	2.36	2.30	2.25
25	4.24	3.39	2.99	2.76	2.60	2.49	2.40	2.34	2.28	2.24
26	4.23	3.37	2.98	2.74	2.59	2.47	2.39	2.32	2.27	2.22
27	4.21	3.35	2.96	2.73	2.57	2.46	2.37	2.31	2.25	2.20
28	4.20	3.34	2.95	2.71	2.56	2.45	2.36	2.29	2.24	2.19
29	4.18	3.33	2.93	2.70	2.55	2.43	2.35	2.28	2.22	2.18
30	4.17	3.32	2.92	2.69	2.53	2.42	2.33	2.27	2.21	2.16
40	4.08	3.23	2.84	2.61	2.45	2.34	2.25	2.18	2.12	2.08
50	4.03	3.18	2.79	2.56	2.40	2.29	2.20	2.13	2.07	2.03
100	3.94	3.09	2.70	2.46	2.31	2.19	2.10	2.03	1.97	1.93
200	3.89	3.04	2.65	2.42	2.26	2.14	2.06	1.98	1.93	1.88
400	3.86	3.02	2.63	2.39	2.24	2.12	2.03	1.96	1.90	1.85

付表5　F 分布表（棄却の臨界値，α＝0.01）

分母の自由度 (df₂)	分子の自由度 (df₁)									
	1	2	3	4	5	6	7	8	9	10
1	4052.18	4999.50	5403.35	5624.58	5763.65	5858.99	5928.36	5981.07	6022.47	6055.85
2	98.50	99.00	99.17	99.25	99.30	99.33	99.36	99.37	99.39	99.40
3	34.12	30.82	29.46	28.71	28.24	27.91	27.67	27.49	27.35	27.23
4	21.20	18.00	16.69	15.98	15.52	15.21	14.98	14.80	14.66	14.55
5	16.26	13.27	12.06	11.39	10.97	10.67	10.46	10.29	10.16	10.05
6	13.75	10.92	9.78	9.15	8.75	8.47	8.26	8.10	7.98	7.87
7	12.25	9.55	8.45	7.85	7.46	7.19	6.99	6.84	6.72	6.62
8	11.26	8.65	7.59	7.01	6.63	6.37	6.18	6.03	5.91	5.81
9	10.56	8.02	6.99	6.42	6.06	5.80	5.61	5.47	5.35	5.26
10	10.04	7.56	6.55	5.99	5.64	5.39	5.20	5.06	4.94	4.85
11	9.65	7.21	6.22	5.67	5.32	5.07	4.89	4.74	4.63	4.54
12	9.33	6.93	5.95	5.41	5.06	4.82	4.64	4.50	4.39	4.30
13	9.07	6.70	5.74	5.21	4.86	4.62	4.44	4.30	4.19	4.10
14	8.86	6.51	5.56	5.04	4.69	4.46	4.28	4.14	4.03	3.94
15	8.68	6.36	5.42	4.89	4.56	4.32	4.14	4.00	3.89	3.80
16	8.53	6.23	5.29	4.77	4.44	4.20	4.03	3.89	3.78	3.69
17	8.40	6.11	5.18	4.67	4.34	4.10	3.93	3.79	3.68	3.59
18	8.29	6.01	5.09	4.58	4.25	4.01	3.84	3.71	3.60	3.51
19	8.18	5.93	5.01	4.50	4.17	3.94	3.77	3.63	3.52	3.43
20	8.10	5.85	4.94	4.43	4.10	3.87	3.70	3.56	3.46	3.37
21	8.02	5.78	4.87	4.37	4.04	3.81	3.64	3.51	3.40	3.31
22	7.95	5.72	4.82	4.31	3.99	3.76	3.59	3.45	3.35	3.26
23	7.88	5.66	4.76	4.26	3.94	3.71	3.54	3.41	3.30	3.21
24	7.82	5.61	4.72	4.22	3.90	3.67	3.50	3.36	3.26	3.17
25	7.77	5.57	4.68	4.18	3.85	3.63	3.46	3.32	3.22	3.13
26	7.72	5.53	4.64	4.14	3.82	3.59	3.42	3.29	3.18	3.09
27	7.68	5.49	4.60	4.11	3.78	3.56	3.39	3.26	3.15	3.06
28	7.64	5.45	4.57	4.07	3.75	3.53	3.36	3.23	3.12	3.03
29	7.60	5.42	4.54	4.04	3.73	3.50	3.33	3.20	3.09	3.00
30	7.56	5.39	4.51	4.02	3.70	3.47	3.30	3.17	3.07	2.98
40	7.31	5.18	4.31	3.83	3.51	3.29	3.12	2.99	2.89	2.80
50	7.17	5.06	4.20	3.72	3.41	3.19	3.02	2.89	2.78	2.70
100	6.90	4.82	3.98	3.51	3.21	2.99	2.82	2.69	2.59	2.50
200	6.76	4.71	3.88	3.41	3.11	2.89	2.73	2.60	2.50	2.41
400	6.70	4.66	3.83	3.37	3.06	2.85	2.68	2.56	2.45	2.37

付表6　*q* 分布表（α=0.05）

	k							
α=0.05	3	4	5	6	7	8	9	10
2	8.331	9.799	10.881	11.734	12.435	13.028	13.542	13.994
3	5.910	6.825	7.502	8.037	8.478	8.852	9.177	9.462
4	5.040	5.757	6.287	6.706	7.053	7.347	7.602	7.826
5	4.602	5.218	5.673	6.033	6.330	6.582	6.801	6.995
6	4.339	4.896	5.305	5.628	5.895	6.122	6.319	6.493
7	4.165	4.681	5.060	5.359	5.606	5.815	5.997	6.158
8	4.041	4.529	4.886	5.167	5.399	5.596	5.767	5.918
9	3.948	4.415	4.755	5.024	5.244	5.432	5.595	5.738
10	3.877	4.327	4.654	4.912	5.124	5.304	5.460	5.598
11	3.820	4.256	4.574	4.823	5.028	5.202	5.353	5.486
12	3.773	4.199	4.508	4.750	4.950	5.119	5.265	5.395
13	3.734	4.151	4.453	4.690	4.884	5.049	5.192	5.318
14	3.701	4.111	4.407	4.639	4.829	4.990	5.130	5.253
15	3.673	4.076	4.367	4.595	4.782	4.940	5.077	5.198
16	3.649	4.046	4.333	4.557	4.741	4.896	5.031	5.150
17	3.628	4.020	4.303	4.524	4.705	4.858	4.991	5.108
18	3.609	3.997	4.276	4.494	4.673	4.824	4.955	5.071
19	3.593	3.977	4.253	4.468	4.645	4.794	4.924	5.037
20	3.578	3.958	4.232	4.445	4.620	4.768	4.895	5.008
21	3.565	3.942	4.213	4.424	4.597	4.743	4.870	4.981
22	3.553	3.927	4.196	4.405	4.577	4.722	4.847	4.957
23	3.542	3.914	4.180	4.388	4.558	4.702	4.826	4.935
24	3.532	3.901	4.166	4.373	4.541	4.684	4.807	4.915
25	3.523	3.890	4.153	4.358	4.526	4.667	4.789	4.897
26	3.514	3.880	4.141	4.345	4.511	4.652	4.773	4.880
27	3.506	3.870	4.130	4.333	4.498	4.638	4.758	4.864
28	3.499	3.861	4.120	4.322	4.486	4.625	4.745	4.850
29	3.493	3.853	4.111	4.311	4.475	4.613	4.732	4.837
30	3.486	3.845	4.102	4.301	4.464	4.601	4.720	4.824
40	3.442	3.791	4.039	4.232	4.388	4.521	4.634	4.735
50	3.416	3.758	4.002	4.190	4.344	4.473	4.584	4.681
60	3.399	3.737	3.977	4.163	4.314	4.441	4.550	4.646
80	3.377	3.711	3.947	4.129	4.277	4.402	4.509	4.603
90	3.370	3.702	3.937	4.118	4.265	4.389	4.495	4.588
100	3.365	3.695	3.929	4.109	4.256	4.379	4.484	4.577

df は表の左側、行 2〜100 に対応する。

付表7　q分布表（α＝0.01）

				k				
α=0.01	3	4	5	6	7	8	9	10
2	19.015	22.564	25.372	27.757	29.856	31.730	33.412	34.926
3	10.620	12.170	13.322	14.239	14.998	15.646	16.212	16.713
4	8.120	9.173	9.958	10.583	11.101	11.542	11.925	12.263
5	6.976	7.804	8.421	8.913	9.321	9.669	9.971	10.239
6	6.331	7.033	7.556	7.972	8.318	8.612	8.869	9.097
7	5.919	6.542	7.005	7.373	7.678	7.939	8.166	8.367
8	5.635	6.204	6.625	6.959	7.237	7.474	7.680	7.863
9	5.428	5.957	6.347	6.657	6.915	7.134	7.325	7.494
10	5.270	5.769	6.136	6.428	6.669	6.875	7.054	7.213
11	5.146	5.621	5.970	6.247	6.476	6.671	6.841	6.992
12	5.046	5.502	5.836	6.101	6.320	6.507	6.670	6.814
13	4.964	5.404	5.726	5.981	6.192	6.372	6.528	6.666
14	4.895	5.322	5.634	5.881	6.085	6.258	6.409	6.543
15	4.836	5.252	5.556	5.796	5.994	6.162	6.309	6.438
16	4.786	5.192	5.489	5.722	5.915	6.079	6.222	6.348
17	4.742	5.140	5.430	5.659	5.847	6.007	6.147	6.270
18	4.703	5.094	5.379	5.603	5.787	5.944	6.081	6.201
df 19	4.669	5.054	5.334	5.553	5.735	5.889	6.022	6.141
20	4.639	5.018	5.293	5.510	5.688	5.839	5.970	6.086
21	4.612	4.986	5.257	5.470	5.646	5.794	5.924	6.038
22	4.588	4.957	5.225	5.435	5.608	5.754	5.882	5.994
23	4.566	4.931	5.195	5.403	5.573	5.718	5.844	5.955
24	4.546	4.907	5.168	5.373	5.542	5.685	5.809	5.919
25	4.527	4.885	5.144	5.347	5.513	5.655	5.778	5.886
26	4.510	4.865	5.121	5.322	5.487	5.627	5.749	5.856
27	4.495	4.847	5.101	5.300	5.463	5.602	5.722	5.828
28	4.481	4.830	5.082	5.279	5.441	5.578	5.697	5.802
29	4.467	4.814	5.064	5.260	5.420	5.556	5.674	5.778
30	4.455	4.799	5.048	5.242	5.401	5.536	5.653	5.756
40	4.367	4.695	4.931	5.114	5.265	5.392	5.502	5.599
50	4.316	4.634	4.863	5.040	5.185	5.308	5.414	5.507
60	4.282	4.594	4.818	4.991	5.133	5.253	5.356	5.447
80	4.241	4.545	4.763	4.931	5.069	5.185	5.284	5.372
90	4.227	4.529	4.745	4.911	5.048	5.162	5.261	5.348
100	4.216	4.516	4.730	4.896	5.031	5.144	5.242	5.328

引用文献

第1章

石田 潤（1990）．データを数値で表現する方法　森 敏昭・吉田 寿夫（編著）心理学のためのデータ解析テクニカルブック（pp.1-42）　北大路書房

カーネマン，D.　友野 典男（監訳）山内 あゆ子（訳）（2011）．心理と経済を語る　楽工社

厚生労働省（2009）．平成21年度「不慮の事故死亡統計」の概況　厚生労働省 Retrieved from https://www.mhlw.go.jp/toukei/saikin/hw/jinkou/tokusyu/furyo10/index.html

厚生労働省（2018）．平成29年（2017）人口動態統計月報年計（概数）の概況　厚生労働省 Retrieved from https://www.mhlw.go.jp/toukei/saikin/hw/jinkou/geppo/nengai17/index.html

村井 潤一郎（編著）（2012）．Progress & Application 心理学研究法　サイエンス社

Murayama, K., Kitagami, S., Tanaka, A., & Raw, J. A. L. (2016). People's naiveté about how extrinsic rewards influence intrinsic motivation. *Motivation Science, 2*, 138-142.

高橋 信（2004）．マンガでわかる統計学　オーム社

吉田 寿夫（2018a）．本当にわかりやすいすごく大切なことが書いてあるごく初歩の統計の本——補足 I ——　北大路書房

吉田 寿夫（2018b）．本当にわかりやすいすごく大切なことが書いてあるごく初歩の統計の本——補足 II ——　北大路書房

第2章

堀 洋道（監修）山本 真理子（編）（2001）．心理測定尺度集 I ——人間の内面を探る〈自己・個人内過程〉——　サイエンス社

堀 啓造（2003）．Rosenberg 日本語訳自尊心尺度の検討　堀 啓造ホームページ　Retrieved from http://www.ec.kagawa-u.ac.jp/~hori/yomimono/sesteem.html（2020年8月10日閲覧）

飯田 泰之（2007）．考える技術としての統計学——生活・ビジネス・投資に生かす——　日本放送出版協会

瀬沼 花子（2011）．主な国際調査，国内調査について　指導と評価，*57*（2），8-11.

山本 真理子・松井 豊・山成 由紀子（1982）．認知された自己の諸側面の構造　教育心理学研究，*30*，64-68.

第3章

American Psychological Association (2020). *Publication manual of the American Psychological Association* (7th ed.). American Psychological Association.

安道 知寛（2010）．ベイズ統計モデリング　朝倉書店

浅川 淳司・杉村 伸一郎（2011）．幼児期における計算能力と手指の巧緻性の特異的関係　発達心理学研究，*22*，130-139.

Cohen, J. (1994). The earth is round ($p < .05$). *American Psychologist, 49*, 997-1003.

Cumming, G. (2014). The new statistics: Why and how. *Psychological Science, 25*, 7-29.

遠藤 寛子・湯川 進太郎（2012）．怒りの維持過程——認知および行動の媒介的役割——　心理学研究，*82*，505-513.

南風原 朝和（2011）．量的研究法　東京大学出版会

南風原 朝和（2014）．続・心理統計学の基礎——統合的理解を広げ深める——　有斐閣

浜田 宏・石田 淳・清水 裕士（2019）．社会科学のためのベイズ統計モデリング　朝倉書店

Lee, M. D., & Wagenmakers, E.-J.（2013）. *Bayesian cognitive modeling: A practical course.* New York: Cambridge University Press.

（リー，M. D.・ワーゲンメイカーズ，E. J.　井関 龍太（訳）（2017）．ベイズ統計で実践モデリング——認知モデルのトレーニング——　北大路書房）

道田 泰司（2011）．授業においてさまざまな質問経験をすることが質問態度と質問力に及ぼす効果　教育心理学研究，*59*，193-205.

西内 啓（2013）．統計学が最強の学問である——データ社会を生き抜くための武器と教養——　ダイヤモンド社

大久保 街亜・岡田 謙介（2012）．伝えるための心理統計——効果量・信頼区間・検定力——　勁草書房

Open Science Collaboration（2015）. Estimating the reproducibility of psychological science. *Science, 349*, aac4716.

東海林 渉・安達 知郎・高橋 恵子・三船 奈緒子（2012）．中学生用コミュニケーション基礎スキル尺度の作成　教育心理学研究，*60*，137-152.

杉澤 武俊（1999）．教育心理学研究における統計的検定の検定力　教育心理学研究，*47*，150-159.

鈴川 由美・豊田 秀樹（2012）．"心理学研究"における効果量・検定力・必要標本数の展望的事例分析　心理学研究，*83*，51-63.

豊田 秀樹（編著）（2009）．検定力分析入門——Rで学ぶ最新データ解析——　東京図書

豊田 秀樹（編著）（2015）．基礎からのベイズ統計学——ハミルトニアンモンテカルロ法による実践的入門——　朝倉書店

Wasserstein, R. L., & Lazar, N. A.（2016）. The ASA statement on p-values: Context, process, and purpose. *The American Statistician, 70*, 129-133.

山田 剛史・村井 潤一郎（2004）．よくわかる心理統計　ミネルヴァ書房

第4章

野内 類・兵藤 宗吉（2007）．想起エピソードの感情価と気分状態の一致が気分一致効果に及ぼす影響　心理学研究，*78*，25-32.

高垣 マユミ・田爪 宏二・降旗 節夫・櫻井 修（2008）．コンフリクトマップを用いた教授方略の効果とそのプロセス——実験・観察の提示による波動の概念学習の事例的検討——　教育心理学研究，*56*，93-103.

豊田 秀樹（1994）．違いを見ぬく統計学——実験計画と分散分析入門——　講談社

山口 麻衣・鈴木 直人（2007）．衝動的行動における自己報告尺度と行動的測度との関係性の検討　心理学研究，*78*，441-445.

山本 恭子・鈴木 直人（2008）．対人関係の形成過程における表情表出　心理学研究，*78*，567-574.

第 5 章

細越 寛樹・小玉 正博（2009）．悲観的思考の受容が対処的悲観者の心身の健康に及ぼす影響　心理学研究，*79*，542-548．

勝間 理沙・山崎 勝之（2008）．児童の関係性攻撃における自己評定と仲間評定の比較　心理学研究，*79*，263-268．

第 6 章

Ajzen, I.（1991）．The theory of planned behavior. *Organizational Behavior and Human Decision Processes, 50*, 179-211.

Ashenfelter, O.（2008）．Predicting the quality and prices of Bordeaux wine. *The Economic Journal, 118*, F174-F184.

Ayres, I.（2007）．*Super crunchers: Why thinking-by-numbers is the new way to be smart.* New York: Bantam.
　（エアーズ，I. 山形 浩生（訳）（2007）．その数学が戦略を決める　文藝春秋）

南風原 朝和（2002）．心理統計学の基礎――統合的理解のために――　有斐閣

速水 敏彦・田畑 治・吉田 俊和（1996）．総合人間科の実践による学習動機づけの変化　名古屋大學教育學部紀要 教育心理学科，*43*，23-35．

本多 妙・福島 倫子（2005）．大学生の喫煙行動に影響を与える要因の検討　生老病死の行動科学，*10*，47-59．

今城 周造・佐藤 俊彦（2003）．喫煙行動に及ぼす態度の効果――計画的行動の理論による分析――　保健福祉学研究，*2*，1-11．

Norman, P., Conner, M., & Bell, R.（1999）．The theory of planned behavior and smoking cessation. *Health Psychology, 18*（1），89-94.

O'Brien, R. M.（2007）．A caution regarding rules of thumb for variance inflation factors. *Quality and Quantity: International Journal of Methodology, 41*, 673-690.

第 7 章

千島 雄太・水野 雅之（2015）．入学前の大学生活への期待と入学後の現実が大学適応に及ぼす影響――文系学部の新入生を対象として――　教育心理学研究，*63*，228-241．

南風原 朝和（2002）．心理統計学の基礎――統合的理解のために――　有斐閣

市川 雅教（2008）．Q71 不適解　繁桝 算男・柳井 晴夫・森 敏昭（編著）Q＆Aで知る統計データ解析――Dos and DON'Ts――　第2版（pp.141-143）　サイエンス社

嘉瀬 貴祥・飯村 周平・坂内 くらら・大石 和男（2016）．青年・成人用ライフスキル尺度（LSSAA）の作成　心理学研究，*87*，546-555．

嘉瀬 貴祥・坂内 くらら・大石 和男（2016）．日本人成人のライフスキルを構成する行動および思考――計量テキスト分析による探索的検討――　社会心理学研究，*32*，60-67．

村井 潤一郎（編著）（2012）．Progress & Application 心理学研究法　サイエンス社

村中 昌紀・山川 樹・坂本 真士（2017）．対人過敏・自己優先尺度の作成――「新型うつ」の心理学的特徴の測定――　心理学研究，*87*，622-632．

野島 一彦・繁桝 算男（監修）村井 潤一郎・藤川 麗（編）（2018）．心理学研究法　遠見書房

坂本 章（2008）．質問紙法　下山 晴彦・能智 正博（編）心理学の実践的研究法を学ぶ（pp.165-178）　新曜社

鈴木 雅之（2018）．測定・評価・研究法に関する研究動向と展望――統計的分析手法の利用状況と評価リテラシーの育成に向けて―― 教育心理学年報, *57*, 136-154.

World Health Organization（1994）．*Life skills education in schools.* Geneva: WHO.
　（WHO（編）川畑 徹朗・高石 昌弘・西岡 伸紀・石川 哲也（監訳）JKYB 研究会（訳）（1997）．WHO・ライフスキル教育プログラム 大修館書店）

第8章

安達 智子（1998）．セールス職者の職務満足感――共分散構造分析を用いた因果モデルの検討―― 心理学研究, *69*, 223-228.

相澤 直樹（2002）．自己愛的人格における誇大特性と過敏特性 教育心理学研究, *50*, 215-224.

畑野 快（2010）．青年期後期におけるコミュニケーションに対する自信とアイデンティティとの関連性 教育心理学研究 *58*, 404-413.

篠ヶ谷 圭太（2010）．高校英語における予習方略と授業内方略の関係――パス解析によるモデルの構築―― 教育心理学研究, *58*, 452-463.

豊田 秀樹（1998）．共分散構造分析［入門編］――構造方程式モデリング―― 朝倉書店

豊田 秀樹（2003）．共分散構造分析［疑問編］――構造方程式モデリング―― 朝倉書店

豊田 秀樹（2007）．共分散構造分析［Amos 編］――構造方程式モデリング―― 東京図書

豊田 秀樹・前田 忠彦・柳井 晴夫（1992）．原因をさぐる統計学――共分散構造分析入門―― 講談社

義田 俊之・中村 知靖（2007）．抑うつの促進および低減プロセスにおける自動思考の媒介効果 教育心理学研究, *55*, 313-324.

索　引

執筆者紹介

山田　剛史（やまだ　つよし）（編著者）　　（第2，3，7章）

1995 年　東京学芸大学教育学部卒業
2001 年　東京大学大学院教育学研究科博士後期課程満期退学
現　在　横浜市立大学都市社会文化研究科教授

主要編著書

『R による心理学研究法入門』（編著）（北大路書房，2015）

『SPSS による心理統計』（共著）（東京図書，2017）

『心理学統計法』（共編）（遠見書房，2019）

川端　一光（かわはし　いっこう）（編著者）　　（第4，5，8章）

2001 年　駒澤大学文学部心理学科卒業
2008 年　早稲田大学大学院文学研究科博士後期課程満期退学
現　在　明治学院大学心理学部准教授　博士（文学）

主要著書・論文

『心理学のための統計学入門』（共著）（誠信書房，2014）

「研究・実務におけるテスト理論の活用実態――本邦における測定・評価研究の動向」（教育心理学年報，56，2017）

『R による多変量解析入門――データ分析の実践と理論』（共著）（オーム社，2018）

加藤　健太郎（かとう　けんたろう）**（編著者）**　　（第3，6章）

1996年　東京大学教育学部卒業

2009年　ミネソタ大学教育心理学科博士課程修了

現　在　ベネッセ教育総合研究所主席研究員　博士（教育心理学）

主要著書・論文

『Rによる項目反応理論』（共著）（オーム社，2014）

"Measurement issues in large-scale educational assessment."（*The Annual Report of Educational Psychology in Japan*, 55, 2016）

『文化情報学事典』（分担執筆）（勉誠出版，2019）

澤山　郁夫（さわやま　いくお）　兵庫教育大学大学院学校教育研究科助教　　（第1章）

益岡　都萌（ますおか　ともえ）　岡山大学大学院教育学研究科助教　　（第7章）

Progress & Application = 3

Progress & Application 心理統計法

2021 年 2 月 10 日 © 初 版 発 行

編著者	山 田 剛 史	発行者	森 平 敏 孝
	川 端 一 光	印刷者	中 澤 　 眞
	加 藤 健太郎	製本者	小 西 惠 介

発行所　**株式会社　サイエンス社**

〒151-0051　東京都渋谷区千駄ヶ谷 1 丁目 3 番 25 号
営業 TEL （03）5474-8500 （代）　振替 00170-7-2387
編集 TEL （03）5474-8700 （代）
FAX 　　（03）5474-8900

組版　ケイ・アイ・エス
印刷　㈱シナノ　　製本　ブックアート
《検印省略》

本書の内容を無断で複写複製することは，著作者および出
版者の権利を侵害することがありますので，その場合には
あらかじめ小社あて許諾をお求め下さい。

サイエンス社のホームページのご案内
https://www.saiensu.co.jp
ご意見・ご要望は
jinbun@saiensu.co.jp　まで.

ISBN978-4-7819-1485-5

PRINTED IN JAPAN

心理測定尺度集　堀　洋道監修

【電子版も好評発売中】

第V巻:個人から社会へ〈自己・対人関係・価値観〉
吉田富二雄・宮本聡介編　B5判／384頁／本体 3,150 円

第VI巻:現実社会とかかわる〈集団・組織・適応〉
松井　豊・宮本聡介編　B5判／344頁／本体 3,100 円

2007 年までに刊行された第 I 〜IV 巻は，現在まで版を重ね，心理学界にとどまらず，看護などの関連領域においても，一定の評価を得てきました．従来の巻では，社会心理学，臨床心理学，発達心理学を中心とする心理学の領域で，それぞれの発達段階の人を対象として作成された尺度を選定し，紹介してきました．第 V 巻，第VI 巻ではこれまでの 4 巻の編集方針を基本的に継承しながら，主に 2000 年以降に公刊された学会誌，学会発表論文集，紀要，単行本の中から尺度を収集し，紹介しています．

【第V巻目次】自己・自我　認知・感情・欲求　対人認知・対人態度　親密な対人関係　対人行動　コミュニケーション　社会的態度・ジェンダー

【第VI巻目次】集団・リーダーシップ　学校・学習・進路選択　産業・組織ストレス　ストレス・コーピング　ソーシャルサポートと社会的スキル　適応・ライフイベント　不安・人格障害・問題行動　医療・看護・カウンセリング

〜〜 好評既刊書 〜〜

第I巻：人間の内面を探る〈自己・個人内過程〉
山本眞理子編　B5判／336頁／本体 2,700 円

第II巻：人間と社会のつながりをとらえる〈対人関係・価値観〉
吉田富二雄編　B5判／480頁／本体 3,600 円

第III巻：心の健康をはかる〈適応・臨床〉
松井　豊編　B5判／432頁／本体 3,400 円

第IV巻：子どもの発達を支える〈対人関係・適応〉
櫻井茂男・松井　豊編　B5判／432頁／本体 3,200 円

＊表示価格はすべて税抜きです．

サイエンス社

質問紙調査と心理測定尺度
——計画から実施・解析まで——

宮本聡介・宇井美代子 編

A5判・336頁・本体2,300円（税抜き）

本書は，質問紙調査を一度も経験したことのない初学者が，最初に学ぶべき基礎知識をひととおり身につけることができるテキストである．調査の実施計画・方法から，心理測定尺度の使い方，結果の整理・解析，論文・レポートの書き方，研究者としての心構えまで，気鋭の著者陣が独自の尺度開発や調査法の授業をうけもった経験を活かして詳しく解説している．また，近年欠かせなくなっているウェブ調査やテキストマイニングの基礎知識についても盛り込んだ．好評シリーズ『心理測定尺度集』の副読本としても最適な一冊である．

サイエンス社

Progress & Application
心理学研究法

村井潤一郎 編著

A5判・256頁・本体2,200円（税抜き）

本書は，心理学研究法について分かりやすく，親しみやすく，コンパクトにまとめられた入門書です．内容は，まず全体を概観した上で，実験法，質問紙調査法，観察法，面接法，という「基本的手法」について説明します．その後，実践研究，精神生理学的研究という「応用的手法」について，最後に論文の執筆法について説明していきます．見やすい2色刷．

【主要目次】

サイエンス社